Zama

Lucrecia Martel

Lucrecia Martel

Zama

Estudio crítico de
Alexis Yannopoulos

CONTRABANDO
COLECCIÓN|CINE

La publicación de este libro ha sido posible gracias a la ayuda y colaboración de CEIIBA, Centro de Estudios Ibéricos e Iberoamericanos de la Universidad de Toulouse Jean Jaurès.

Zama, de Lucrecia Martel
© Alexis Yannopoulos, 2025

Ediciones Contrabando
© Arial Artes Gráficas SL
Plaza Raquel Payá, 10. Bajo 2. 46006 Valencia
editorial@edicionescontrabando.com
www.edicionescontrabando.com

Imagen de la portada: Fotograma de la película *Zama*
Diseño de maquetación y cubiertas: Esperanza Navarro Honrubia

Primera edición: marzo 2025

ISBN: 978-84-129984-0-5
Depósito Legal: V-895-2025

Printed in Spain - Impreso en España

EDICIONES
contrabando

COLECCIÓN|CINE

Colección dirigida por
HÉCTOR RUIZ RIVAS (CEIIBA. Univ. Toulouse)

Consejo asesor:
Joxean Fernández (Filmoteca vasca. Univ. Nantes)
Gerardo León Peris (guionista y periodista cultural)
Ángel Miquel (Univ. Autónoma de Morelos, México)
Antonio Santamarina (crítico e historiador cinematográfico)
Alexis Yannopoulos (Univ. Toulouse)
Michèle Soriano (Univ. Toulouse)

Con la colaboración de:

Una colección de libros sobre las películas más emblemáticas de Hispano-américa y España, incluyendo tanto los grandes clásicos como propuestas menos exploradas hasta ahora. Cada libro presenta un minucioso estudio por reconocidos especialistas.

- El Mundo   - The Guardian   - Fotogramas

ZA

DE
LUCRECIA
MARTEL

DANIEL   **MATHEUS**   **JUAN**   **LOLA**   **RAFAEL**
GIMÉNEZ CACHO   **NACHTERGAELE**   **MINUJÍN**   **DUEÑAS**   **SPREGELBURD**

MA

SELECCIÓN OFICIAL   SELECCIÓN OFICIAL   SELECCIÓN OFICIAL   SELECCIÓN OFICIAL
VENECIA   **TORONTO**   **NEW YORK**   **SEVILLA**
FESTIVAL INTERNACIONAL   FESTIVAL INTERNACIONAL   FESTIVAL INTERNACIONAL   FESTIVAL DE CINE EUROPEO
2017   2017   2017   MENCIÓN ESPECIAL DEL JURADO

BASADA EN LA NOVELA DE **ANTONIO DI BENEDETTO**

A Amandine y Naila

ÍNDICE

INTRODUCCIÓN

Lucrecia Martel (Salta, 1966), es una figura emblemática del cine latinoamericano del siglo XXI. Ganadora de numerosos premios en festivales internacionales, tanto en América (Mar del Plata, La Habana, Sundance) como en Europa (Berlín, Venecia, Toulouse, etc.), su cine es reconocido como uno de los más vigorosos de la escena internacional. Después de tres películas, ya era considerada por la crítica cinéfila como una cineasta sin par, llegando a ser presentada como "la persona más aclamada (…) del cine de arte en idioma español" (Smith: 2013). Por el alcance estético y político de su cine, se organizan regularmente retrospectivas de su producción en espacios universitarios y artísticos fuera del mundo cinematogáfico: Harvard, Berkeley, el *Lincoln Center for the Performing Arts* de Nueva York, el MoMA, la Tate London, etc.

La ciénaga (2001), *La niña santa* (2004) y *La mujer sin cabeza* (2007) son sus tres primeras películas, reunidas por la crítica en la llamada "Trilogía de Salta", del nombre de la ciudad de nacimiento de la cineasta. La provincia de Salta, limítrofe con Chile al Oeste, Bolivia al Norte y Paraguay al Este, tiene un carácter profundamente andino: paisajes impresionantes con volcanes de altitud (el Llullaillaco o el Socompa, que culminan a más de 6000m), glaciares,

13

grandes valles estrechos (Quebrada de Las Flechas, por ejemplo) y enormes salares (vestigios de antiguos lagos de agua salada). Al revés del universo de *Zama*, la hidrología es semiárida, y la vida depende del agua que fluye, canalizada por grandes acequias, desde la cumbre de los montes, alimentando las poblaciones y regando los campos (esencialmente plantaciones de tabaco y viñedos).

En la trilogía, la directora cuestiona tanto el pasado argentino como la hipocresía y la violencia simbólica que se disimulan en las esquinas de lo cotidiano. Lo consigue gracias a un relato cinematográfico original que crea un clima misterioso y agobiante donde evolucionan personajes desalentados, movidos por hilos invisibles. La densidad de la mirada cinematográfica, la complejidad de su lenguaje y los diferentes fenómenos de desfamiliarización son elementos que aparecen en *La ciénaga* y se convierten en constantes de la obra de Martel.

Con su largometraje *Zama* (2017), damos un brinco en el tiempo, hacia el siglo XVIII, y en el espacio, hacia un territorio vecino (el Chaco húmedo) pero conservando las constantes de la trilogía. Con este salto hacia el pasado, la cineasta, lejos de romper con sus planteamientos anteriores, continúa su exploración arqueológica de las tensiones sociopolíticas. Profundiza su indagación, viajando al pasado para meditar sobre la matriz de la dominación: la explotación y negación de las poblaciones indígenas en el proceso de construcción nacional y, en un plano paralelo, la apropiación de las mujeres por los hombres.

¿Cómo explicar los diez años entre los estrenos de *La mujer sin cabeza* (2007) y *Zama* (2017)? Por una parte, Martel se había involucrado en la adaptación de la famosa

14

historieta *El eternauta* de Héctor G. Oesterheld, guionista comprometido políticamente y desaparecido en 1977. La historia relata la resistencia organizada por el pueblo argentino ante la invasión de Buenos Aires por extraterrestres. Este proyecto necesitaba un presupuesto muy ambicioso y desafortunadamente no pudo llevarse a cabo, aunque, como veremos más adelante, Martel se inspiró en la ciencia ficción para proponer una representación renovada del pasado. Por otra parte, la cineasta se enfrentó a serios problemas de salud personal. Finalmente, el rodaje de *Zama* se demoró por problemas de financiación que afectaron la postproducción de la película. En los títulos de cierre, destacan no menos de diez sociedades de producción y 25 mecenazgos e instituciones (Institutos de cine, Fundaciones, etc.)

El rodaje empezó a finales de 2013, se terminó en 2015 y la cinta final se estrenó, fuera de competencia, durante la *Mostra* de Venecia de 2017. Coproducida por El Deseo, la productora de los hermanos Almodóvar, *Zama* no pudo competir en Cannes porque aquel año Pedro Almodóvar presidía el jurado. En Francia, *Zama* fue presentada por primera vez en sala durante los encuentros *Cinelatino* de Toulouse (marzo de 2018), donde ganó el galardón máximo. En los dos años que transcurrieron después del estreno, la película recibió importantes premios en festivales nacionales e internacionales: Cóndor de Plata (equivalente de los Goya en Argentina), Coral de la mejor directora en el festival de La Habana, seleccionada en Toronto, Nueva York, etc. A nivel crítico, se escribieron, tanto en Europa como en América, una gran cantidad de reseñas, críticas cinematográficas así

15

como artículos académicos que confirmaron su éxito entre el público cinéfilo. Los comentarios son densos y sumamente elogiosos. Recalcan que este nuevo *opus* de la cineasta argentina la confirma como una de las voces más importantes del siglo XXI.

Zama es la adaptación cinematográfica de la novela homónima del escritor argentino Antonio Di Benedetto, publicada por primera vez en 1956, cuya lectura facilita la entrada en el universo complejo de la película (Di Benedetto: 2000). Además de escritor, Di Benedetto fue periodista, guionista y crítico de cine, lo cual explica la influencia de la mirada cinematográfica en su novela.

Señalemos que ya había existido un primer intento de adaptación de la novela pero que no pudo finalizarse. Como lo explica Jimena Néspolo, investigadora especialista de la obra del escritor mendocino, el director argentino Nicolás Sarquís se había empeñado durante un largo periodo en trabajar sobre una adaptación ambiciosa de *Zama*. Sarquís colaboró con autores reconocidos, como el paraguayo Augusto Roa Bastos (oriundo de Asunción) o Juan José Saer, escritor y crítico argentino, gran conocedor de la obra de Di Benedetto. Pero el proyecto fracasó y solo quedaron algunos planos de culto que circulan en los círculos cinéfilos[1]. Otros dos escritos de Di Benedetto habían sido llevados al cine mientras tanto: el libro *Los suicidas*, adaptado por Juan Villegas en 2005 y *Aballay*, de Fernando Spiner, película de tipo "*western* gauchesco" ba-

---

1 Sarquís hace una descripción detallada de esta aventura en la entrevista que le dio a Jimena Néspolo («La película que no fue», Néspolo y Sarquís: 2016).

sada en el cuento "Aballay", estrenada en 2010, que recogió un éxito crítico importante (ganó ocho Premios Sur y fue seleccionada por Argentina para competir en los Oscar).

A principios de la década del 2010, la productora de Lucrecia Martel compró los derechos del libro y el proyecto arrancó. El periódico argentino *El litoral* menciona un momento clave en la creación de la película: "Lucrecia Martel hizo un viaje en velero de Buenos Aires a Corrientes, y ella siempre cuenta que mientras navegaba leía *Zama*, y al pasar por las barrancas de Empedrado se dio cuenta que la película tenía que ser filmada allí" (*El litoral*: 2018)

La cineasta describe de la forma siguiente la idea que motivó su película:

Quiero ir al pasado con la misma irreverencia con la que nos enfrentamos a un viaje hacia al futuro. Sin documentar las herramientas y los hechos relevantes, porque *Zama* no tiene ninguna pretensión historicista. Más bien intentando sumergirnos en un mundo que aún hoy es vasto, con animales, plantas, hombres y mujeres apenas comprensibles. Un mundo que ha sido devastado antes incluso de haberlo encontrado y que, por lo tanto, sigue siendo el producto de un delirio (Trigon films: 2017)

Para sumergirnos en este mundo remoto, Lucrecia Martel elige deshacerse de los códigos tradicionales de representación y producir una imagen alejada de la ideología patriarcal-colonialista. Sin embargo, alejándose de estos códigos, el proceso "normal" de producción del sentido se enturbia y su interrupción produce una confusión. La deconstrucción del espectáculo cuyos códigos hemos interiorizado como naturales se produce a partir de un posicionamiento anticolonialista/ anticlasista/ antipatriarcal que provoca la adopción de disposiciones particulares en el discurso cinematográfico: lo absurdo, lo anacrónico, los silencios, las elipsis, el encuadre que provoca un descentramiento del personaje, la importancia de los elementos en segundo término, la subversión del héroe épico o trágico, la parodia del amor imposible, la transformación final del personaje, etc. Esta serie de elementos, que se relacionan con discursos socio-ideológicos vigentes en la sociedad tienen que ser considerados como ideosemas que desempeñan un papel estructurante fundamental en el sistema semiótico de *Zama*[2].

2 Los ideosemas son "los articuladores semiótico-ideológicos que estructuran un discurso y que al mismo tiempo remiten a las tensiones socio-históricas. Desempeñan un papel de bisagra entre el mundo social y el texto" (Cros:

Sinopsis

Tanto la película como la novela narran el imposible combate del protagonista, Don Diego de Zama, que se encuentra aislado: es un alto funcionario de la Corona que tiene la sensación de haber sido condenado al ostracismo en un rincón alejado del Imperio español. Atrapado en un ambiente lánguido y monótono, su día a día consiste en emitir juicios sobre casos tediosos. Hace años que pide un traslado para escapar de la apatía. Lo único que suscita su interés es la presencia de una mujer española a la que torpemente intenta seducir. Estos intentos fracasan y Zama se encuentra cada vez más solo, encerrado en un círculo de repeticiones que hacen su espera interminable. Privado de sus bienes materiales, es obligado a mudarse y acaba perdiendo su único apoyo, el secretario Manuel Fernández, a quien se ve obligado a traicionar. Desesperado, decide enrolarse en una expedición absurda que lo conduce ciegamente en la selva en busca de un bandido legendario llamado Vicuña Porto.

Para llevar a cabo esta deconstrucción señalada, la película utiliza como recurso principal la desestructuración del personaje principal, en gran parte alegórico y cuya

2001, p. 39). La teoría sociocrítica es particularmente útil para entender el papel de la ideología de una época en la emergencia de las propuestas estéticas (proceso de morfogénesis). Los estudios sociocríticos se desarrollaron en Francia y los países hispanófonos a partir de los años 70 con una propuesta de análisis cultural similar al de los estudios culturales anglosajones que surgen en el mismo periodo (Cf., Cros, 1986; Chicharro, 2019). Tanto la sociocrítica como los estudios culturales desempeñaron un papel importante en la legitimación del séptimo arte como objeto de estudio (ver, por ejemplo, los análisis señeros que hace Cros de *Citizen Kane* o *Scarface*).

19

proyección semiótico-ideológica analizaremos a lo largo de este estudio. Se representan sus esfuerzos vanos por conseguir un traslado, por ganar los favores de una dama u otro elemento que daría sentido a su vida. Prisionero de sus pesadillas y de la inmovilidad que lo asedia, pierde los marcos existenciales que lo cobijan, la angustia se vuelve cada vez más pesada y se apodera de Zama hasta reducirlo a un estado próximo a la nada.

Este proceso de "descenso a los infiernos" se puede considerar como la manifestación de un proceso de profundo cuestionamiento existencialista. La lucha contra la burocracia inhumana, la espera y el aplazamiento infinito recuerdan el universo planteado por Franz Kafka en su cuento "El mensaje imperial" (1920) y que desarrolló en *El proceso* o *El castillo*. Este proceso se asemeja al que viven los protagonistas de las novelas más famosas de la corriente existencialista: *La náusea* de Sartre (1938), *El extranjero* de Camus (1942), *El túnel* de Ernesto Sábato (1948) u obras argentinas de los años posdictatoriales, como *Soy paciente* de Ana María Shua (1980). La índole de este proceso es pesimista porque nos acercamos peligrosamente al vacío, al dolor y a la muerte.

Sin embargo, en la filosofía existencialista, también destaca una dimensión de camino difícil pero emancipador. La ruptura en la vida de Zama se acerca a lo que los fenomenólogos llamaron la entrada en la *epoché*, es decir un estado de suspensión del juicio, un proceso que el público puede apreciar desde su butaca e incluso experimentar involuntariamente. Y después de la primera etapa, forzosamente confusa y dolorosa, puede llegar una segunda etapa, liberada de los conceptos mentales que habitualmente limitan nuestra percepción de las cosas. Es la base de la filosofía y de la ética del existencialismo francés en los años 1940: encontrar la libertad después del estudio profundo y desagradable de la realidad en estado bruto para luego adoptar una perspectiva nueva y renovar su conducta mediante el proyecto existencial[3].

No obstante, *Zama* también es una obra profundamente emocionante que no corresponde a los modelos comúnmente establecidos. La crisis existencial del protagonista, el hecho de que todo alrededor de él se vuelve extraño y distante, se acompaña de un extrañamiento generalizado de la percepción y de una experiencia sensorial inaudita. Acostumbrado·as a un espectáculo más tradicional, la película puede desestabilizar a la persona que la visiona. Deconstruyendo los modelos de representación, nos aventuramos además en una experiencia estética que involucra todos los sentidos. No se trata de una película de acción durante la que permanecemos pasivo·as, cómodamente instalados en nuestra butaca. En cambio, asistimos a la creación de un verdadero universo cinematográfico que pide toda nuestra atención y apela a todos nuestros sentidos.

Para entender la película, conocer el contexto socio-histórico es fundamental. Ese será nuestro primer capítulo. Estamos en el periodo de declive del Imperio español en América, algunos años antes del proceso independentista. Se trata del final del periodo absolutista, un período "bisagra" entre dos siglos marcado por grandes revoluciones políticas y el apogeo de nuevas corrientes de pensamiento

---

3 Simone de Beauvoir, Sartre y Merleau-Ponty toman como punto de partida los preceptos fenomenológicos planteados por Hegel, Husserl y Heidegger pero difieren en la construcción de su ética.

que marcan el advenimiento de valores como la igualdad y la libertad. Y aunque el decorado y el vestuario nos remiten a un periodo, la película también evoca tensiones fundamentales en la construcción de los Estados modernos en América y la estructuración de las sociedades contemporáneas.

El segundo capítulo se concentrará en el cuestionamiento de los códigos cinematográficos habitualmente utilizados para representar el pasado. Después de haber presentado brevemente la tradición americana e internacional del cine histórico, veremos cómo la cineasta se distancia radicalmente del género realista así como del tratamiento épico o melodramático de los personajes, invitándonos a una profunda reflexión sobre el pasado. Veremos cómo la obra puede ser considerada como una película colectiva siguiendo los preceptos de las grandes renovaciones cinematográficas de los años 1960. Finalmente, ubicaremos la obra de la directora argentina dentro de una importante tradición de literatura fantástica y ciencia ficción que funciona en el mismo sentido.

En un tercer capítulo, presentaremos la división de la película en tres capítulos y estudiaremos el recorrido del protagonista. Tomando como punto de comparación la novela, entenderemos algunos aspectos que son menos comprensibles: Martel se dirige no solo al público europeo o estadounidense sino también al público informado, es decir el público lector argentino admirador de la novela.

El último capítulo se concentrará en tres aspectos asociados. Primero examinaremos los diferentes elementos que contribuyen a desestabilizar de forma general la configuración del universo ficcional. Luego estudiaremos detenidamente la figura del protagonista para entender su función dual: hombre blanco y poderoso, pero también alegoría del ser americano cuyas esperanzas han sido frustradas. Apoyándonos en la filosofía existencialista, terminaremos evocando el proceso vital al que nos invita la película después de la primera fase de "crisis existencial". Esta parte es fundamental para entender por qué Lucrecia Martel considera que el final de su película propone una conclusión medianamente feliz.

I. CONTEXTO HISTÓRICO Y GEOGRÁFICO DE *ZAMA*

1. Ubicación espacio-temporal indefinida

Zama es una película que acontece durante el periodo colonial en una zoma remota del imperio español. Cuando descubrimos la cinta, no podemos saber exactamente dónde nos ubicamos, un carácter indefinido voluntariamente postulado por la cineasta. Existen diferencias de interpretación en las diferentes sinopsis que acompañan la película:

> Finales del siglo XVII [sic]. Don Diego de Zama (Daniel Giménez Cacho) es un funcionario de la Corona española enviado a la ciudad de Asunción, en Paraguay, para cubrir un puesto burocrático.
> (www.sensacine.com)
> En una colonia española del siglo XVIII en América Latina, el funcionario Don Diego de Zama espera desesperadamente un salvoconducto del virrey que le permita reunirse con su familia.
> (Página oficial de Shellac, distribuidora en Francia)

La película no menciona fecha exacta, provocando cierta confusión temporal que explica la indecisión entre las diferentes sinopsis propuestas al público. Ahora bien, el ambiente general de declive profundo nos remite a algunos de los factores explicativos de los anhelos de separación con la metrópoli imperial: ineficiencia burocrática, estancamiento, aislamiento extremo y sentimiento de desamparo. El periodo es indefinido, aunque sentimos que estamos en las postrimerías del imperio colonial español. Si tomamos como base las fechas precisas señaladas por la novela de Di Benedetto (1791, 1794 y 1799), estamos en la última década del siglo XVIII, algunos años antes de las primeras proclamas de Independencia.

También destaca la indefinición geográfica: la distribuidora francesa solo menciona una colonia sin nombre y en cambio la página web española menciona Asunción y el Paraguay. Aunque la indefinición espacial tiende a dar un valor universal a la película, varios elementos paratextuales nos invitan a considerar la ciudad de Asunción como teatro principal de la acción. Di Benedetto, aunque oriundo de la ciudad de Mendoza (Oeste de Argentina, zona montañosa de los Andes) declaró que, antes de escribir la novela, realizó numerosas investigaciones en biblioteca sobre la historia y la geografía del Paraguay así como la arquitectura y las condiciones de vida en la capital:

> Zama transcurre en Paraguay, hay una parte en Brasil, hacia fines del siglo XVIII. Imposible para mis recursos de 1955, cuando gestaba el libro, llegar al Paraguay. Menos podría haber llegado al Paraguay de 1790. Por lo tanto, con auxilio biográfico de la Universidad Nacional de Córdoba, estudié la orografía, la hidrografía, la fauna, los vientos, los árboles y los pastos, las familias indígenas y la sociedad colonial, las medicinas, las creencias y los minerales, la arquitectura, las armas, el guaraní, la lengua de los indios, costumbres domés-

ticas, fiestas, el plano de la ciudad principal, los pueblos, el trabajo rural y la delincuencia del país (Lorentz: 1972)[4]

A pesar de esta voluntad de representar precisamente el Paraguay, tanto la novela como la película, omiten el topónimo de la ciudad. El espacio representa de forma alegórica cualquier ciudad del Imperio español, por lo menos una ciudad localizada en el Paraguay, en el Sur de Bolivia, o en el Norte de Argentina y Uruguay. Además, y como veremos más adelante, una de las fuentes de inspiración para la creación de la figura del protagonista de la novela es una biografía de la vida del último asesor letrado de la ciudad de Tarija, ciudad en el sur de la actual Bolivia pero que dependía de la misma administración colonial que Paraguay: la Real Audiencia de Charcas.

Se puede considerar *grosso modo* que la zona evocada en la novela y la película corresponde al Gran Chaco húmedo (territorio fronterizo entre Argentina y Paraguay, pero cuyas extensiones llegan hasta Brasil y Bolivia. La película fue rodada en el extremo sur de este territorio, en la localidad de Empedrado (Argentina, provincia de Corrientes). Estamos un poco después de la confluencia entre dos ríos: el río Paraguay (que pasa anteriormente por Asunción) se vierte en el río Paraná (que en su desembocadura se junta con el río Uruguay formando el es-

---

4 Ver la entrevista que hizo en 1978 el famoso periodista español Joaquín Soler Serrano a Di Benedetto en el programa *A fondo* de la TVE: https://www.youtube.com/watch?v=C4iuDbt9RVg&. Extensas investigaciones sobre el contexto de la novela se llevaron a cabo tanto por Malva E. Filer en su estudio pionero (1982) como por Jimena Néspolo, especialista más importante de la obra del escritor mendocino (Néspolo: 2004).

tuario más grande del mundo, el Río de la Plata), lo cual explica el caudal tan importante del río contemplado por el protagonista.

Sin embargo, tanto el escritor como la cineasta insisten en el carácter indefinido y anónimo de la ubicación para otorgarle un carácter de universalidad a la obra. Al mismo tiempo, se imprime una imagen típicamente americana, representativa del continente en su conjunto ya que, al revés de otros espacios de América del Sur, el clima isotérmico del Gran Chaco así como los paisajes y la presencia importante de los pueblos originarios remiten al destino global del continente. Este carácter voluntariamente permeable entre las fronteras subraya no solo los atributos comunes entre los países latinoamericanos actuales sino la preexistencia de la Naturaleza y de los pueblos originarios.

La indefinición participa pues en la creación de un ambiente a la vez misterioso y extraordinario. Lo podemos contemplar dejándonos llevar por las imágenes y lo podemos completar a posteriori satisfaciendo nuestra curiosidad. Para completar nuestro acercamiento histórico a la película, destacaremos ciertos rasgos históricos de la América colonial que desempeñan un papel estructurante en la película y sin los cuales algunos elementos pueden parecer incongruentes.

2. Grandes tensiones en la era colonial en el suelo americano

Aunque la Conquista duró casi un siglo hasta un periodo que coincide con la caída definitiva del Imperio inca (en los años 1570), numerosos pueblos continuaron su lucha permaneciendo insumisos, sobre todo en los territorios de más difícil acceso: mapuches/tehuelches en la Patagonia, pueblos serranos (algunos pueblos en las zonas más difíciles de acceso en México, por ejemplo), pueblos amazónicos, etc. Es el caso del territorio evocado por la película: pueblos guaranís en la zona del Paraguay, pueblos donde se hizo el rodaje, pueblos mbayas y guanues mencionados por la novela. Otros territorios permanecieron inexplorados (gran parte de la selva amazónica o las zonas australes) hasta el siglo XX y algunas tribus todavía conservan una política de limitación extrema de los contactos.

Para gobernar sobre un territorio tan amplio, la Corona estableció una jurisdicción muy precisa con un cuerpo importante de administradores y un orden jerárquico que conforman el telón de fondo tanto de la novela como de la película. La división más importante en la época colonial era el virreinato, que venía dividido en audiencias (entidades dirigidas por un virrey y un oidor respectivamente). Coexistiendo con estas divisiones administrativas, encontramos en zonas de especial interés o en los territorios más alejados de los centros administrativos las capitanías generales (Cuba, Guatemala, Chile, Venezuela, etc.) que gozaban de cierta autonomía en su gobierno. Otros títulos y funciones se superponen a nivel local a las grandes subdivisiones (el corregidor administraba la justicia y supervisaba el ejército en las zonas más pobladas, mientras que los gobernadores oficiaban en zonas más remotas). Se impusieron así a las poblaciones locales una serie de leyes y medidas administraciones para explotar las riquezas del continente, entre otros el famoso sistema de la encomienda.

El caso del Paraguay y de la región situada en el Sur de las fronteras actuales de Bolivia, merece mención aparte respecto a nuestra película. Esta zona fue explorada por los españoles en busca de oro y piedras preciosas, búsqueda que venía acompañada de leyendas sobre las riquezas legendarias escondidas en la selva. Tanto la novela como la película operan un cuestionamiento importante de la sed de poder y conquista asociada con estas leyendas que permanecen vivas hasta el día de hoy. La supuesta existencia de piedras preciosas en medio de la selva (los "cocos") excita la imaginación de los hombres, desempeñando un papel clave en el desenlace de la película.

En realidad, los españoles nunca encontraron riquezas minerales en la zona del Chaco y establecieron la ciudad más importante en la zona de la mina de plata de Potosí, que generaba enormes ingresos para el imperio español. La región dependía de la Real Audiencia de Charcas, ciudad situada al lado de Potosí donde se concentraba el interés de las autoridades españolas. El resto de la Audiencia no suscitó mucho interés y pocos españoles se instalaron en esas zonas remotas, cuyos límites meridionales (Sur) y orientales (Este) siempre permanecieron fluctuantes. Además, la zona del Gran Chaco no fue conquistada militarmente hasta finales del siglo XIX y las fronteras fueron objeto de fluctuaciones y conflictos entre los países hispanoamericanos hasta mediados del siglo XX (Guerra del Chaco, 1932-1935).

Las dificultades a las que habitantes de estas ciudades tenían que enfrentarse eran acentuadas por la lejanía con la metrópoli y la obligación de transitar por la única vía autorizada: se caminaba durante miles de kilómetros (las mercancías a lomo de mula) hasta llegar a los puertos del Perú, para subir en barcos que efectuarían otras paradas obligatorias, Panamá y La Habana, esperando el trasbordo a otras flotas llegadas de otras partes del Imperio para luego seguir el viaje acompañados por la Armada. La complejidad del viaje explica la inmensa demora en el intercambio de correos con la metrópoli, un intercambio amenazado por un sinfín de contratiempos (tempestades, ataques de bandidos y piratas, etc.). La llegada del Correo Real era un acontecimiento importante que ritmaba la vida de los habitantes y un elemento estructurante de la trama narrativa.

En aquella época también se aplicaba un monopolio comercial estricto: los americanos no podían comerciar con otras naciones, ni siquiera con las provincias vecinas, siendo la Casa de Contratación (primero en Sevilla, luego en Cádiz) el único socio permitido. Por ende, cabe destacar la lentitud de todo proceso judicial o administrativo, una de las bases del universo ficcional de *Zama*.

Frente a estas deficiencias inmutables del sistema, una serie de prácticas ilícitas pero necesarias a nivel de supervivencia se fueron desarrollando de forma más o menos tolerada por las autoridades coloniales. Se practicaba el soborno de los funcionarios y por lo demás ellos no tenían la posibilidad material de controlar el contrabando: el costo en términos de soldados y administración hubiera sido demasiado elevado respecto a la cantidad de transacciones (de ahí el tamaño reducido de la expedición en la parte final de la película). Señalemos finalmente la existencia de un comercio ilícito importante entre las zonas orientales de la provincia de la Audiencia y las provincias fronterizas del imperio portugués. Recordemos que el bandolero Vicuña Porto es de origen portugués e interpretado por un actor brasileño (habla voluntariamente un tipo de "portuñol").

Para sobrevivir y controlar el espacio en el Paraguay, los españoles realizaron alianzas económicas y matrimoniales con los pueblos que habitaban el continente. La historia de esta provincia alejada es reveladora del mestizaje llevado a cabo durante la época colonial, junto a un intenso proceso de evangelización. En el territorio paraguayo, resulta casi imposible encontrar una familia sin descendientes de los pueblos originarios, un fenómeno en parte explicado por la escasa afluencia de mujeres provenientes de España. El guaraní, entre otros idiomas, siguió transmitiéndose de generación en generación y más tarde el Paraguay fue uno de los primeros países en adoptar una lengua originaria en su Constitución.

Esto no impedía el carácter "español" de los recién nacidos, a quienes era frecuente atribuir los mismos derechos que a alguien con padres únicamente españoles (*Cf.*, Kasmi: 2022; Gruzinski: 1999). En el caso de provincias como Asunción, la diferencia criollo/mestizo se borraba rápidamente, y un hijo de padre español y mujer guaraní pronto accedía al estatus de "español" y podía gozar de los privilegios asociados.

Estos territorios aislados estaban sin embargo destinados a desarrollarse en forma autónoma a través del comercio informal, lo cual explica que, en la película, la figura del contrabandista (el Oriental) sea perfectamente aceptada. Además, estos territorios pudieron desarrollar una agricultura floreciente propiciada por el carácter fértil de las tierras ubicadas en las cuencas de inmensos ríos (Paraguay, Paraná, Uruguay). El cultivo de la yerba mate entre otros productos permitió el desarrollo de los negocios (Caravaglia: 1983); la novela nos indica así que el esposo de Doña Luciana (la rica española) es propietario de plantaciones de yerba mate, un dato omitido por la película. Los ríos que eran navegables en ambos sentidos cobraron una importancia central en la vida de estas comarcas, lo cual se refleja en la preeminencia de este elemento natural en la película de Martel. Los comerciantes y administradores se instalaron en ciudades como Corrientes, Córdoba o Asunción que empezaron a cobrar cada vez más importancia. El peso de los funcionarios del rey era reducido en aquellas regiones.

Intentando controlar una situación que se le escapaba por completo, la Corona española tomó durante la segunda mitad siglo XVIII nuevas medidas. Las limitaciones en el comercio, la administración y el transporte fueron parcialmente suprimidas durante la época de las Reformas borbónicas y se produjo una relativa racionalización del imperio. Dos etapas marcan la culminación de este proceso:

Por una parte, la creación en 1776 del Virreinato del Río de La Plata, que simplificaba un gran número de trámites y disminuía la lejanía con la metrópoli mediante la presencia de un representante directo del Rey en Buenos Aires (y la posibilidad para correo y mercancías de transitar directamente por Buenos Aires en vez de hacer el desvío por Panamá y el Pacífico). Por otra parte, la adopción del Reglamento de Libre comercio en 1778, que amplió la posibilidad de comerciar a 13 puertos españoles y evitaba la fijación arbitraria de los precios por la Casa de Contratación.

Sin embargo, estas reformas no lograron evitar la frustración de las poblaciones locales e incluso pudieron provocar un efecto contrario. Así, los estudios históricos muestran que, antes de las Reformas borbónicas, los antiguos funcionarios estaban vinculados con los intereses de los criollos locales, creando uniones que a veces se reforzaban con lazos familiares o matrimoniales. Como las reformas borbónicas apuntaban a un mejor control sobre el recaudo de los impuestos, varios administradores tolerantes o indolentes fueron remplazados por españoles provenientes de la península, fieles al Rey, que aplicaron las leyes sin excepciones ni omisiones.

La supresión de los antiguos cargos (corregidor, por ejemplo) y la sustitución por nuevos (los intendentes, entre otros) tenía como objetivo aumentar los ingresos de la Corona, aliviando las consecuencias del aislamiento de las provincias. Este cambio afectó la situación de nuestro protagonista, don Diego de Zama, quien durante un largo tiempo poseía un alto cargo, el de *corregidor*, dato mencionado explícitamente en la novela y al que aluden varios diálogos de la película (diálogo al principio con el hijo del Oriental o en los diferentes intercambios con Vicuña Porto). Este cargo fue suprimido paulatinamente en el siglo XVIII, y funciones asumidas por los corregidores fueron encargadas a los intendentes: un funcionario proveniente de la metrópoli directamente nombrado por el rey. Son datos históricos subyacentes que sugieren la caída en la escala social de Zama, quien en la segunda parte se ve relegado a una oficina secundaria sin actividad, perdiendo su poder de decisión.

De forma general, la sustitución de los antiguos funcionarios por nuevos no fue aceptada positivamente por la mayoría de los criollos, no solo porque perdían ciertos privilegios, sino que agudizó la presión y el control sobre una población que estaba acostumbrada a una relativa autonomía. En vez de resolver lo que los historiadores llamaron la crisis de dependencia, las reformas borbónicas aumentaron el descontento de las élites americanas. Las palabras de Manuel Belgrano, líder de la Revolución de Mayo (Buenos Aires, 1810) y libertador del Paraguay, son tajantes:

> No puedo decir bastante mi sorpresa cuando conocí a los hombres nombrados por el Rey para la junta que había de tratar la agricultura, industria y comercio y propender a la felicidad de las provincias que componían el virreinato del Río de La Plata. Todos eran comerciantes españoles. Exceptuando uno que otro, nada sabían más que su comercio monopolista, a saber: comprar por cuatro para vender por ocho, con toda seguridad (…) Mi ánimo se abatió y conocí que nada se haría a favor de las provincias por unos hombres que por sus intereses particulares posponían del común (Villamayor, Cabrera: 2013)[5]

En vez de resolver problemas profundamente arraigados, los habitantes del continente consideraron que la Corona solo quería favorecer sus propios ingresos, impidiendo el desarrollo de las colonias. Los terratenientes seguían con la obligación de exportar sus productos a España (cuero

5 Manuel Belgrano, figura política e intelectual central del periodo independentista al que remite de forma alegórica el protagonista, ocupó el cargo de Secretario del Consulado de Comercio de Buenos Aires. Ideólogo y militar, asumió entre otros el mando de la primera expedición destinada a la liberación del territorio actual del Paraguay.

y derivados vacunos) pero no podían importar productos manufacturados (textil) de Inglaterra y tenían que pagar precios desmesurados y enfrentarse a escaseces. La única solución para comprar productos ingleses era transitar por el contrabando, corriendo riesgos elevados y teniendo que pagar suplementos importantes[6].

Durante las incursiones inglesas de principios del siglo XIX, el Rey mostró además su incapacidad de defender sus colonias: las tropas inglesas ocuparon la capital del virreinato, una invasión que solo pudo resolverse gracias al respaldo de milicias populares locales. Este acontecimiento puso de relieve el desamparo extremo en el que se encontraban los habitantes del Río de La Plata, el cual se había incrementado tras el establecimiento de Gran Bretaña como primera fuerza naval del mundo, dominación sellada por la gran derrota de España en Trafalgar (1805). La armada y los ejércitos españoles ya no podían proteger a sus súbditos, un fenómeno acentuado en las zonas más alejadas del extenso territorio americano.

Todos estos datos por supuesto subyacen tanto en la novela *Zama* como en la película. La espera interminable del protagonista se puede considerar en clave alegórica

6 Otro prócer de la Independencia argentina, Mariano Moreno, reclamaba de forma vehemente la liberalización del comercio en uno de sus declaraciones más famosas, "Representación de los hacendados" (1809): "Debieran cubrirse de ignominia los que creen que abrir el comercio a los ingleses en estas circunstancias es un mal para la Nación y para la Provincia (...) Desde que apareció en nuestras playas la expedición inglesa de 1806, el Río de la Plata no se ha perdido de vista en las especulaciones de los comerciantes de aquella nación; una continuada serie de expediciones se han sucedido; ellas han provisto casi enteramente el consumo del país (…) contra las leyes y reiteradas prohibiciones".

como el fracaso del proyecto de desarrollo de la colonia anhelado por los criollos americanos. La desesperación del personaje de *Zama* también alude al fracaso ulterior del proyecto posindependentista que arrastró los lastres del periodo colonial: arraigamiento de prácticas ilegales y de la corrupción, concentración del poder, fracaso de industrialización en el continente, inserción periférica en el sistema globalizado, persistencia de las desigualdades sociales y no integración de las poblaciones minoritarias o de las minorías étnicas en la construcción nacional. Como lo indica el escritor Juan José Saer en su ensayo sobre la novela:

> [*Zama*] no honra revoluciones ni héroes de extracción dudosa, y sin embargo, a pesar de su austeridad, de su laconismo, por ser la novela de la espera y de la soledad, no hace sino representar a su modo, oblicuamente, la condición profunda de América, que titila, frágil, en cada uno de nosotros. Nada que ver con *Zama* la exaltación patriotera, la falsa historicidad y el color local. La agonía oscura de *Zama* es solidaria de la del continente en el que esa agonía tiene lugar (Saer: 2014; 50)

Juan José Saer, como lector argentino, nos transmite su sentimiento paradójico, el hecho de reconocerse en un personaje insignificante del siglo XVIII. La agonía del protagonista, su sensación de vulnerabilidad e impotencia respecto a acontecimientos que lo superan representan sentimientos ampliamente compartidos. Tanto la novela como la película no solo hablan del periodo colonial, sino que tienen una honda función alegórica, remitiendo al destino del continente.

3. Siglos XIX/XX: dicotomía civilización y barbarie en el periodo neocolonial y expresión artística

La película acontece en un momento histórico bisagra entre un antiguo sistema (la Colonia) y el nuevo que se iba a desarrollar en el siglo XIX, pero cuyos efectos permanecerán vigentes en el siglo XX.

Sentimos específicamente el modelo ideológico que estructuró el desarrollo de las sociedades en el siglo XIX. En su discurso, las élites americanas querían traer las luces de la civilización europea e instalarla en un continente lleno de oportunidades. Este fenómeno se acentuó a partir de finales del siglo XVIII con el advenimiento de las grandes Revoluciones en Europa. Por un lado, los progresos técnicos y la mecanización creciente de la producción económica (máquinas hiladoras, máquinas de vapor, etc.) así como los avances en física, biología y medicina le otorgaron un valor preponderante a la ciencia.

Por otro lado, en el discurso político, las "luces" provenientes de Europa se oponían a América, considerada como un "territorio atrasado" cuyos habitantes vivían en las tinieblas del oscurantismo. El famoso ensayo de Domingo Sarmiento, *Civilización y barbarie* (1845), es una fuente ideológica fundamental para entender la novela de Di Benedetto y, por extensión, la película. El autor argumenta en su ensayo en contra de una gran parte de los habitantes de su país, que considera como incultos, violentos e indolentes. Aboga a favor de un progreso lineal hacia una sociedad "ideal" caracterizada por el progreso científico. La investigadora argentina Maristella Svampa explica muy bien cómo las élites retomaron la oposición elaborada en la Antigüedad con los "Bárbaros" para construir la idea de "Modernidad":

> Las dos acepciones del término civilización, es decir entendida como movimiento de la humanidad hacia un ideal o como un estado de la sociedad, implicaban automáticamente la existencia de una barbarie original. El término bárbaro, acuñado por los griegos, era usado para designar al extranjero, aquel que no pertenecía a la *polis*, definición que, si bien tuvo primeramente alcances políticos, luego adquiriría connotaciones culturales. Durante la Antigüedad tardía, bárbaros fueron las tribus invasoras que devastaron el Imperio Romano. Hacia el siglo XVIII, el contra-concepto fue utilizado tanto para indicar la existencia de un estado anterior, en el cual permanecían otras culturas, contrapuestas al estado actual de las sociedades europeas, como para designar la alteridad. *Bárbaro* es así un vocablo a través del cual no se define sino que se califica al *otro*, estigmatizado por aquel que se sitúa desde una civilización comprendida como valor legitimante (Svampa: 2004; 17)

Como lo indica Svampa, esta división fue particularmente importante en América, donde las naciones eran muy jóvenes, la sensación de peligro y el riesgo de desorganización eran aún más fuertes. El protagonista Zama, habitante de estas "extensas comarcas", se puede incluir en un primer tiempo en el grupo de personas designadas por Sarmiento como representantes del Antiguo Régimen (la obsoleta mentalidad española) y del atraso del continente. Es un alto funcionario de la Corona, pero también un hijo del continente, su pasividad frente a los acontecimientos y su incapacidad de llevar a cabo acciones importantes lo convierten en representante del fracaso.

Se puede interpretar desde este punto de vista la secuencia de apertura de la película, que presenta a un hombre de edad madura, colocándolo en una posición central y dominante, erguido en medio de la pantalla. La figura que suponemos protagonizará la película contrasta plenamente con los demás personajes desnudos que aparecen en la pantalla en segundo plano, enfatizando su estatus de patriarca blanco respecto a los niños y las mujeres. El texto de Sarmiento nos invita a considerar otro rasgo de su personaje que aparece en la parte final de la secuencia, cuando *Zama* golpea violentamente a Malemba:

> Es el capataz un caudillo (…) que ha de gobernar y dominar él solo, en el desamparo del desierto. A la menor señal de insubordinación, el capataz enarbola su *chicote* de fierro y descarga sobre el insolente golpes que causan contusiones y heridas (Sarmiento: 2018; 54)

Zama personifica de alguna manera la fuerza brutal y autoritaria que como lo describe Sarmiento, no deja "derecho a ningún reclamo, considerándose legítima [su] autoridad". La secuencia siguiente, durante la que Zama y otros hombres blancos torturan a un preso afroamericano, confirma que la violencia se encuentra del lado de los pudientes, los representantes de la civilización española que ha fracasado en el control del continente. La secuencia de apertura de la película pone de relieve la forma particularmente violenta que caracterizó las acciones de los hombres españoles en el continente y la organización que impusieron, ilustrando la afirmación de Sarmiento:

> Así es cómo en la vida argentina empieza a establecerse por estas peculiaridades el predominio de la fuerza brutal, la preponderancia del más fuerte, la autoridad sin límites y sin responsabilidad de los que mandan, la justicia administrada sin formas y sin debates (*idem*)

Esta dicotomía no se limita al siglo XIX sino que fue reactivada en el siglo XX cuando las masas populares empezaron a cobrar protagonismo dentro de la vida política. Los grupos desfavorecidos de la población (peones, obreros, pueblos originarios e incluso algunos grupos de mujeres) fueron estigmatizados e incluso fantaseados como bárbaros para desacreditar sus aspiraciones. El caso de Argentina es paradigmático. En los años 1930 y 1940, se produjo un éxodo rural considerable que trajo una enorme masa de personas del campo a la capital del país, que hasta entonces era considerada por las élites como un faro de civilización blanca dentro de un país bárbaro. Como lo indica de forma explícita el artista y pensador Daniel Santoro:

> La llegada de esta población mostró por primera vez la cara mestiza de un país que se creía de blancos europeos. Alguien la designó como un "aluvión zoológico", un estallido de animalidad imprevisible que posibilitaba desde la destrucción de viviendas para humanos usando pisos y muebles en la cocción de alimentos, hasta el extremo caníbal de la mucama peronista de oscura tez provinciana que cocina al pequeño hijo de

una feliz familia burguesa, sirviéndoselo a la hora de la cena. […] Gauchos, peones rurales, mucamas, obreros bonaerenses y morochos provincianos eran una multitud dada a los excesos y a gustos no homologados, una pesada carga de la América profunda que amenazaba al buen gusto de las élites[7]

La aparición en el escenario público de una población hasta entonces privada de derechos (los peones en la hacienda por ejemplo no tenían estatus social, dependiendo en todo del terrateniente) desembocó en una enorme movilización popular que reclamaba reformas sociales. Estas se llevaron a cabo durante los años del primer peronismo (desde las elecciones de 1946 ganadas por Juan Domingo Perón hasta el golpe de estado de 1955 que derroca su gobierno).

La historiadora Maristella Svampa recuerda la reacción de las élites en aquel periodo, que consideraban que "el fantasma de la barbarie tomaba cuerpo en las masas peronistas". Los peronistas fueron designados con apelativos racistas como "cabecitas negras" o clasistas como "los descamisados", aludiendo al carácter bárbaro que no se había conseguido extirpar de la índole profunda del habitante americano. En los años 60 y 70, esta dicotomía fue invocada de nuevo por las élites económicas y militares que, con el apoyo de la CIA, sistematizaron la "Guerra sucia" secuestrando, torturando, asesinando y condenando al

---

7 Daniel Santoro: http://www.danielsantoro.com.ar/mundoperonista. php Estos acontecimientos se relatan de forma muy precisa en el *Manual de historia argentina* editado por Juan Carlos Torre (2004). Ver, específicamente: "Introducción a los años peronistas" (p. 11-78) y el capítulo X "Intelectuales y peronismo", escrito por Silvia Sigal (p. 481-522).

exilio, a millones de personas. Es característica la autodenominación elegida por los integrantes de la Junta militar argentina en 1976: "Proceso de reorganización nacional", cuyo objetivo era sanear el "cuerpo social" de la "escoria política":

> El gobierno militar abolió todas las instituciones y organizaciones creadas en los diez años previos, y se presentó a sí mismo como la "civilización" en contra de la "barbarie" peronista. Esta civilización, enmarcada en una dictadura, representaba para la coalición gobernante los valores libertarios europeos en contra del resentimiento cultural de la "Argentina profunda". El peronismo quedaba así culturalmente confinado al imaginario de la vagancia, el desorden y la promiscuidad de las clases bajas (Barros: 2003)

De forma general, pensemos que la dicotomía "civilización/barbarie" se vuelve a utilizar cuando el sistema se ve amenazado por fuerzas que desean cambiarlo. Las élites no dudan en utilizar una retórica del caos y del desorden para desacreditar las reivindicaciones populares, invocando el pragmatismo "inteligente" de las clases dominantes vs. los sueños de niños ignorantes demasiado instintivos. En cambio, para luchar contra esta ideología y su aplicación, los pensadores críticos trataron de invertir los elementos que la componen. En Argentina, los historiadores propusieron a partir de los años 1930 una nueva visión de lo nacional que intentara superar la dicotomía y a su vez los movimientos políticos decidieron valorar la figura del "gaucho" e integrarla en su imaginario de luchas. A nivel internacional, evoquemos por ejemplo la tesis *Socialismo* o *barbarie* del filósofo y psicoanalista Cornelius Castoriadis, en la que se invierte claramente la relación: el neoliberalismo es "salvaje" y la única forma de luchar contra el caos es aplicando una democracia radical.

Estos elementos socio-ideológicos son claves para entender *Zama*, una obra que se gesta precisamente durante el primer peronismo y se publica en 1956, justo después del golpe de estado que derroca a Perón. Antonio Di Benedetto, que tenía un papel de observador, se negó a callar los crímenes perpetuados por los militares y a causa de su labor periodística fue obligado al exilio durante la dictadura del Proceso, primero en España y luego en Francia. En el caso de la generación de Martel, que nació o creció durante la dictadura, la cuestión de la memoria histórica es fundamental y la interrogación del pasado ocupa un peso predominante no solo en su producción sino en la de sus contemporáneo·as. La lista de producciones cinematográficas es larga y acompaña los esfuerzos de una sociedad civil que busca reparación, memoria, homenaje a las víctimas, denunciando el terrorismo de Estado[8].

Después de las películas clásicas, que representaron en pantalla las atrocidades cometidas por los militares detallando los hechos, estos datos se convirtieron en algo conocido tanto de los cineastas como del público y de los críticos. Se planteó la cuestión siguiente: aparte de

---

8 La página https://memoriaabierta.org.ar/ladictaduraenelcine hace un inventario extremadamente completo de películas que tratan directamente del periodo de la dictadura. Entre ficciones y documentales, contamos más de mil mediometrajes y largometrajes, que abordan desde miradas a veces muy distintas temas específicos: "Artistas, Persecución y Censura", "Biografías", "Guerra de Malvinas", "Mirada de los niños y niñas", "Lugares de represión", etc.

documentar los hechos, ¿cuál puede ser el sentido de esta reconstitución? Varios cineastas iniciaron un camino diferente en este sentido, entablando un diálogo tanto con el pasado histórico como con la tradición fílmica nacional e internacional. *Kamtchatka* de Marcelo Piñeiro, *Hermanas* de Julia Solomonoff, *Los rubios* de Albertina Carri[9], *Eva no duerme* de Pablo Agüero, *Sinfonía para Ana* de Ernesto Ardito y Virna Molina, etc. Dentro del cine argentino las/los cineastas empezaron a distanciarse de los códigos tradicionales de representación, buscando indagar en las raíces profundas de la violencia.

No por nada Martel se aleja del presente, sin por lo tanto dejar de lado cuestiones sociohistóricas fundamentales. Quería al principio adaptar *El eternauta*, historieta de Héctor Oesterheld (desaparecido en 1977, víctima del terrorismo de Estado), que cuenta la invasión de Buenos Aires por extraterrestres (aludiendo de forma metafórica al golpe de estado de 1955). Martel eligió finalmente la novela de Di Benedetto, que rompe con los códigos narrativos clásicos para evocar de forma abstracta y alegórica las problemáticas que acabamos de mencionar.

---

9 Esta película de Carri es muy famosa aunque el tema transparece tanto en su trabajo cinematográfico como televisivo (*Cf.*, Soriano: 2024).

II. CUESTIONAMIENTO DE LOS CÓDIGOS CINEMATOGRÁFICOS HABITUALES

4. La superación de los límites del relato narrativo: el imaginario cuestiona la realidad

El género "película histórica" es fundamental en la historia del cine internacional. Desde los inicios del cinematógrafo, el público se maravilló ante la posibilidad de darle vida al pasado proyectándolo en la pantalla. Los cineastas intentaron recrear de forma fidedigna un acontecimiento importante del pasado, escenificar una historia dentro de un telón de fondo histórico o transcribir la biografía de algún personaje histórico. Los objetivos de estas películas pueden ser múltiples: exaltar una epopeya épica, atizar el sentimiento nacional o nacionalista, idealizar un personaje histórico, crear memoria sobre un acontecimiento, rescatar a un personaje desconocido, dar versiones diferentes a la "historia oficial", denunciar la violencia de un régimen, comprometerse por la democracia o el pacifismo, etc.

El género siempre suscitó el interés del público, desempeñando un papel muy importante en la difusión del cinematógrafo. Los seres humanos siempre quisimos visualizar las historias que nos fueron contadas desde nuestra infancia dándonos la posibilidad de vivirlas en carne y hueso. El cine se interesó en todas las épocas pasadas con gran éxito, llegando a la creación de subgéneros históricos con sus propios códigos (el peplum, el western, las películas de capa y espada, el cine de guerra con la cantidad inestimable de películas que recrean la Segunda Guerra Mundial o la Guerra del Vietnam). Le debemos además al cine histórico algunas de las innovaciones fundamentales del séptimo arte, desde el primer plano en *Birth of a Nation*[10] a la consagración del montaje en *La huelga* (1924) y el *Acorazado Potemkin* (1925)[11] pasando por la utilización de cámaras simultáneas y del *slow motion* en *Los siete samurais* (Akira Kurosawa, 1954).

El cine histórico posee pues un papel predominante gracias a su facultad de conciliar la recaudación comercial y el reconocimiento de la crítica especializada, consiguiendo un gran número de premios en los festivales más importantes. El éxito taquillero se explica en parte porque el cine histórico generó códigos de representación y procesos de identificación que se asemejan a las películas de corte "realista": elenco conocido por el público, importancia

---

10 En *Birth of a Nation* [Nacimiento de una nación, 1915], el director norteamericano David Wark Griffith filma el asesinato de Abraham Lincoln en una película hoy criticada por su carácter abiertamente racista (inspirada en la obra teatral del escritor supremacista Thomas Dixon Sr., se alaba el Ku Klux Klan y se desprecia a los afroamericanos). Esta película recaudó un éxito enorme, instaurando para siempre la técnica del primer plano, inagurada por Griffith para subrayar las emociones de los personajes (este procedimiento se consideraba hasta entonces como un error técnico y los productores lo prohibían).

11 Para celebrar los 20 años de la Revolución rusa del 1905, las autoridades soviéticas encargan al cineasta Serguei Eisenstein una película sobre un episodio clave de la revolución: el amotinamiento de la tripulación a bordo del Acorazado Potemkin, un barco del zar. La escena de las escaleras de Odessa sigue generando una emoción desbordante en el público y es celebrada hasta hoy en día como la escena que cambió para siempre las reglas del montaje en el cine. En *La Huelga*, se alternan imágenes de la represión por el ejército zarista y planos de matanza en un matadero.

otorgada al aspecto "épico" y a las luchas de los personajes, escenas de acción con largos combates, utilización de los códigos del melodrama (historia de amor imposible; fuerte dualidad y lucha del Bien contra el Mal; final infeliz), etc. *Zama* se aleja radicalmente de todos estos códigos. La película cuenta la vida de un oscuro funcionario de la Corona y tampoco se menciona ningún episodio nacional. El actor, Daniel Giménez Cacho, no es argentino y tampoco una estrella del *star system* aunque sí un actor con inmensa experiencia en el cine artístico. Trabajó con Guillermo del Toro en *Cronos* (1993), Jorge Fons en *El callejón de los milagros* (1995), Arturo Ripstein en *Profundo carmesí* (1996), es la voz en off en el *road movie* de adolescentes *Y tu mamá también* (2001) de Alfonso Cuarón, hace de sacerdote en *La mala educación* de Almodóvar (2004) y sale en *La zona* (2007) de Arturo Plá. Recibió el premio Goya de mejor actor por *Blancanieves* de Carlo Berger (2013) y cuatro premios Ariel, el máximo galardón mexicano, a lo largo de su carrera.

El actor es poco reconocible a causa del maquillaje, las pelucas utilizadas y el intenso trabajo físico de preparación (Giménez Cacho siguió un régimen especial para aparecer más delgado en la última parte de la película, primera en el orden de filmación). Por lo demás su papel es clave en la película y el nerviosismo del personaje se puede relacionar con cierta irritación provocada por el carácter su personaje. En su libro sobre el rodaje de *Zama*, Selva Almada nos lo cuenta de la forma siguiente: "Daniel Giménez Cacho es el único de los actores que participó en todas las jornadas del rodaje. Dos meses y medio siendo Diego de Zama. Cuando leyó la novela, Giménez Cacho se enojó con el personaje. Qué tipo gris, qué aburrido. ¡Cómo vas a hacer una película con un tipo así!" (Almada: 2017, 87). La identificación con el protagonista se hace muy difícil.

El rostro de Lola Dueñas (Barcelona, 1971) es quizá más familiar sobre todo para el público no mexicano, estableciendo una relación con la extravagancia del universo de las películas de Pedro Almodóvar. Fue aclamada por sus apariciones en *Mar adentro* (2004) de Alejando Amenábar y *Volver* (2005), ganó el premio de interpretación femenina en Cannes en 2005 (junto a las demás actrices de *Volver*) y este éxito fue confirmado en 2009 con el premio de interpretación de San Sebastián y el premio Goya de mejor actriz por su papel en *Yo, también* (2009) de Álvaro Pastor y Antonio Naharro. Selva Almada señala el carácter espontáneo de esta colaboración puesto que la actriz española "se enteró de casualidad que Lucrecia Martel estaba por filmar *Zama*. Lo oyó al pasar en el pasillo de una productora, en París, donde vivía (…) Lola averiguó el mail y le escribió; supe que vas a hacer una película y quiero trabajar contigo." (*Ibid.*, p. 69). Aunque también en el caso de Dueñas, su semblante es transformado radicalmente por el maquillaje y apenas lo podemos reconocer en la primera escena del río cuando está cubierto de arcilla.

En cuanto a las escenas de acción, solo tenemos esbozos de duelos y la única escena de combate se produce cuando los pueblos originarios capturan a los españoles en medio de la llanura. No hay batalla y los españoles pierden rápidamente, invirtiendo la relación de dominación habitual y deconstruyendo el aspecto viril del protagonista (levanta su espada, pero su única acción es esconderse entre las hierbas). El único momento verdaderamente violento es cuando al final le cortan los brazos a Zama.

La película va más allá de una mera parodia o de un juego con el género de la película histórica. Inspirándose en el universo absurdo y semifantástico de la novela (que se presenta como un largo monólogo interior), la película transgrede constantemente la verosimilitud creando una fuerte distanciación. Esta serie de transgresiones parece a primera vista extraña. Sin embargo, para visionar adecuadamente la película, es preciso ubicarla dentro de una tradición artística que pone el distanciamiento o extrañamiento en el centro de su estética. Podríamos remontar a la tradición iniciada por el teatro "brechtiano" que se inspira en la teoría marxista de la emancipación: una ruptura de la ilusión historicista es necesaria para provocar la toma de conciencia, condición indispensable para que suceda la lucha de clases (hoy en día también hablamos de empoderamiento).

Como lo recuerda María Celina Ibazeta en su estudio (2019) sobre *Zama*, este tipo de ficciones históricas ha sido descrito con el apelativo *antiilusionista*. Se oponen a las ficciones *ilusionistas*, surgidas "dentro del contexto general del positivismo y el romanticismo [que pretenden una] ilusión de autenticidad y veracidad de forma tal que el lector pierde la conciencia de estar frente a una representación" (Ibazeta: 2019). En su ensayo sobre la novela histórica, el crítico Kurt Spang define este tipo de ficciones de la siguiente manera:

El objetivo es evitar que se produzca en el lector la ilusión de autenticidad y totalidad del contenido presentado, es más, velada o abiertamente el autor trata de "despertar" al lector,

51

de sacarlo de una posible "hipnosis" y llamar su atención sobre el carácter de artefacto del texto que está leyendo.

Uno de los más eficaces recursos para conseguir la alienación es subrayar la discontinuidad y la heterogeneidad de los acontecimientos. La historia narrada deja de ser un fluir continuo y unitario y sobre todo autónomo para convertirse declaradamente en una especie de puzzle cuyas piezas tienen una cohesión intencionalmente precaria (Spang: 1995; 96)

Por supuesto la película de Lucrecia Martel no corresponde plenamente a esta definición, pero junto a la novela *Zama*, se inserta dentro de esta amplia genealogía. De hecho, Lucrecia Martel comenta su película utilizando la misma palabra: "Con una película histórica creemos que podemos contar la historia de cómo sucedieron realmente las cosas, pero eso es una ilusión" (*Libération*: 2018).

Las ficciones ilusionistas corresponden al modelo de las novelas históricas "clásicas" como las de Walter Scott, a las que la novela antiilusionista de Di Benedetto se opone rotundamente. La película de Martel retoma este propósito fundamental de la novela para postular una representación alternativa. Si bien las novelas y películas ilusionistas crean mundos fáciles de observar con historias de nuestro agrado, su modelo lleva a veces a una visión del pasado repetida hasta el hastío[12]. La reproducción de los códigos de la película en

---

12 En otro estudio de la colección Cine de contrabando, el investigador estadounidense John Mraz describe un afán similar a propósito de *Memorias del subdesarrollo*: "La reconstrucción de sucesos del pasado, la resucitación de personajes históricos y la evocación del lenguaje y las costumbres del ayer son labores arduas que pueden acabar (y muchas veces lo hacen) en todo tipo de fracasos: letanías aburridas, didácticas y positivistas acerca de hechos de sobra conocidos; huidas hacia mundos

el mejor de los casos termina en un espectáculo arrebatador, pero a menudo carente de valor artístico o hermenéutico para entender el mundo en el que vivimos y su Historia.

En el panorama del siglo XXI, existen varias películas que se distancian del modelo tradicional de los géneros históricos. Algunas vienen cargadas de sátira social y de parodia, otorgando el protagonismo a grupos sociales marginalizados para producir un cuestionamiento de las relaciones de poder/género/raza en la sociedad[13]. Estos elementos de parodia y sátira se encuentran en el cine de Lucrecia Martel, que se inserta en una genealogía de películas volcadas hacia el aspecto estético y la reflexión fenomenológica sobre el pasado. Entre las películas internacionales contemporá-

creados a capricho por intereses contemporáneos que nada tienen que ver con la "otredad" del pasado; ficciones carentes de todo arte que, al no lograr sostenerse sobre sus propias narrativas, recurren a mitos históricos para afianzar su credibilidad y proclamar que "estos hechos sucedieron realmente"; así como reconstrucciones de la biografía personal y los amoríos de hombres ilustres (en términos esenciales) que resultan ser de muy escasa relevancia para entender su importancia en la historia" (Mraz: 2022).

13 En el extremo opuesto a las películas de corte estético pero con un afán similar de cuestionamiento de las relaciones de dominación y de reescritura de los códigos fílmicos se encuentran las películas "históricas" de Quentin Tarantino, en particular *Inglorious Bastards* o *Django Unchained*. En el primero, Tarantino parodia los códigos del sub-género "películas de la segunda guerra mundial", escenificando una historia carnavalesca en la que una mujer (Shosanna) y su amante (Marcelo, de clase baja y origen africano) hacen explotar a Hitler y Goebbels en un cine de París en un bum liberador. En cuanto a *Django Unchained*, crea un contrapunto respecto a los *western* y a las películas sobre la época de la Guerra de Secesión (*Birth of a Nation* o *Lo que el viento se llevó*, por ejemplo), contando la historia de un esclavo de las plantaciones que se venga del sinfín de vejaciones.

neas, destaca, por ejemplo, la neozelandesa Jane Campion, con las películas históricas *El piano* (1993) o *The power of the dog* (2019).

Sin ir más lejos, cabe señalar que la toma de distancia respecto a los códigos clásicos de representación ocupa un lugar central en la tradición del cine latinoamericano. Esta subversión de los códigos se explica en parte por la posición periférica ocupada por el continente en el mundo globalizado y su exclusión de los centros de poder (formaba parte de lo que se denominaba el "Tercer Mundo"). Con el objetivo de producir un cine propio y distanciarse de los modelos dominantes provenientes de los países hegemónicos, se dio el fenómeno continental al que los críticos suelen referirse como Nuevo Cine Latinoamericano. En sintonía con los grandes movimientos sociales de descolonización, se produjo a partir de los años 1960 una gran renovación del cine latinoamericano de la que se alimenta *Zama*. Tomemos el ejemplo de una de las películas más famosas del *cinema novo* brasileño, *Ganga Zumba* de Carlos Diegues, que cuenta la historia del líder de una comunidad de esclavos cimarrones que formaron un palenque en la selva amazónica.

Describiendo las innovaciones de su obra, la propia directora se refiere a este periodo, cuestionando la dominación de los grandes frescos históricos que constituyen las primeras películas latinoamericanas:

Aparte del *cinema novo* de Brasil, el cine histórico latinoamericano de época, y es una pena, sirvió para afirmar el origen de los Estados nacionales. Es un cine machista, lleno de héroes que dicen cosas que pasarán a la historia, es insoportable. El discurso de la historia en nuestro continente se construyó para disimular masacres, basándose en una falta de comprensión del mundo indígena. Para *Zama* en cambio, decidimos seguir el proceso de la ciencia ficción, proyectando el presente sobre el pasado (entrevista con Sotinel: 2018)

El cuestionamiento de los modelos de representación de las películas históricas reviste una significación especial en la historia del cine hispanoamericano ya que gran parte de las producciones canónicas propusieron retratos de los grandes próceres patrióticos siguiendo las pautas del cine occidental. Desde los principios del cine en América latina, la filmografía de cada país abundó en héroes nacionales luchando en guerras de liberación, figuras patrióticas masculinas con quienes los habitantes se podían identificar, sintiendo el orgullo de pertenecer a una misma nación. El título de las primeras películas argentinas es evocador: *El fusilamiento de Dorrego* (1908), *La Revolución de Mayo* (1909), *Güemes y sus gauchos* (1910), etc.

Hoy en día, las producciones de cierto presupuesto que emprenden reconstituciones históricas siguen una receta similar. *Libertador* (Alberto Arevalo, 2013) versa sobre la vida de Simón Bolívar, actualizando la tradición de películas épicas sobre los famosos próceres de la Independencia, y *Revolución*, estrenada en 2010, es una película épica que reconstruye el famoso cruce de los Andes por el General San Martín durante la Campaña libertadora de 1817. Estas películas se suman a todas las biografías fílmicas sobre la vida de los Libertadores que se hicieron y que seguirán produciéndose.

De hecho, los grandes éxitos a nivel internacional del cine latinoamericano en el siglo XXI tratan de temas históricos siguiendo los códigos clásicos de una representación que pretende ser verosímil. Pensemos por ejemplo en *Diarios de motocicleta* (2004, Walter Salles), con Gael García Bernal y Rodrigo de la Serna, reconstitución de los diarios de viaje del Che Guevara que pretende ser lo más fidedigna posible. La coproducción *Che: el argentino* con Benicio del Toro y otros actores latinoamericanos versa sobre un episodio ulterior, la epopeya de los barbudos. Las películas *No* (2012) y *Neruda* (2016) de Pablo Larraín son ambas reconstrucciones históricas de un pasado reciente siguiendo una representación realista de los acontecimientos. *Roma* de Alfonso Cuarón es uno de los éxitos internacionales que más se aleja de los códigos tradicionales, con una estética en blanco y negro inspirada de los recuerdos de la infancia, concebida como un homenaje al personaje de la nana[14].

En Argentina, las películas hoy de culto siguen a la letra los códigos de la película histórica. Pensamos en *La historia oficial* (Luis Puenzo, 1985, primer Oscar conseguido por una película argentina, que trata de la cuestión de los niños robados) y *La noche de los lápices* (Héctor Oliveira, 1986, sobre el secuestro, tortura y asesinato de estudiantes, con la participación en la escritura del guion de Pablo Díaz, uno de los sobrevivientes). Fruto de un inmenso trabajo de investigación periodística y sociológica, *Garaje Olimpo* de Marco Bechis (uno de los pocos

---

14 Ver, a este propósito, el estudio sobre *Roma* escrito por Héctor Ruiz (Cine de Contrabando, 2022).

sobrevivientes en haber pasado por los centros clandestinos de tortura y desaparición) es un compendio ultrarrealista del *modus operandi* del terrorismo de Estado. Finalmente, el segundo Oscar para Argentina viene en 2010 con *El secreto de sus ojos* (2009) de J. J. Campanella (película argentina sobre la memoria de la dictadura), con el icónico Ricardo Darín.

Más allá de estas películas de corte realista, el cine latinoamericano independiente produjo películas que deconstruyen la violencia histórica a través de una propuesta estética innovadora ambientada lejos de nuestra contemporaneidad. Aparte de las películas argentinas ya mencionadas (Carri, Agüero, etc.), señalemos algunas películas latinoamericanas que siguen una estética parecida a la de Martel. Por ejemplo, *Los últimos cristeros* (2011) del mexicano Matías Meyer cuenta desde una perspectiva distanciada y satírica el episodio de la Cristiada en México, poniendo de relieve el carácter absurdo de un grupo reducido de hombres que luchan desesperadamente en medio de una naturaleza que se impone a ellos, rasgos que también encontramos en *Zama*. Por su carácter onírico, la importancia otorgada a la plasticidad cinematográfica y el profundo cuestionamiento existencial, *Rey*, de Niles Attalah (2017), es quizá la película que más se asemeja a *Zama*. Inspirándose en la vida de Antoine de Tounens, un aventurero francés (auto)proclamado "rey de la Araucanía"; la película explora los delirios del protagonista para denunciar los estragos provocados por la civilización europea en América. La historia de este personaje mítico, Antoine de Tounens, inspiró otra película importante, aunque de índole más realista, *La película del Rey* de Carlos Sorín (1986).

Tanto las películas sobre la vida de Antoine de Tounens como *Zama* escenifican la locura de los europeos que quieren imponer su huella en el continente. Cabe mencionar un antecedente importante en el cine de Werner Herzog (*Aguirre, la cólera de Dios* de 1972 y *Fitzcarraldo* de 1982), donde se escenifica a los europeos sedientos de oro y poder en la primera (tiempo de la Conquista), la fiebre del caucho y el sueño absurdo de hacer una ópera en la selva en la segunda. El investidagor alemán Gerd Gemünden encuentra en su compatriota la misma voluntad de "(re)inventar el pasado" con el afán de cuestionar la ideología colonialista. Sin embargo, Gemünden afirma que Martel se distancia de la propuesta de Herzog en lo siguiente:

[Las películas de Herzog] subestiman la naturaleza, los animales y los actores indígenas. [Muestran] una propensión a crear sus propios mitos personales (…) adoptando la perspectiva de sus protagonistas, blancos y varones, algo que *Zama* rechaza constantemente. Aunque Aguirre y Fitzcarraldo fracasan en sus esfuerzos, son celebrados como héroes trágicos, en cambio Zama se transforma al final de la película en un hombre humilde, a raíz de su experiencia vital. Si bien *Aguirre* nos enseña las locuras del colonialismo –la *hybris* de los conquistadores y la hipocresía de la Iglesia Católica Romana–, no logra superar una mentalidad que enfrenta al hombre contra la naturaleza, la civilización contra la naturaleza salvaje y a los europeos contra los nativos (Gemünden: 2019; 124)

Gemünden afirma más adelante que el ambicioso afán de Martel consiste en ir más allá no solo de las propuestas de *Aguirre* sino de las películas contemporáneas que se inscribieron en esta tendencia de reescritura del pasado colonialista: *Rey* de Niles Attalah (2017), *Joaquim* de Marcelo Gomes (2017), *Vazante* de Daniela Thomas (2017), *El abrazo de la serpiente* de Ciro Guerra (2015) o *Jauja* (Lisandro Alonso, 2014).

Antes de desarrollar estas características del lenguaje fílmico de Martel que permiten superar las dicotomías brevemente evocadas por Gemünden y otros críticos, señalemos una película importante en esta genealogía de cintas que adoptan una perspectiva crítica e innovadora respecto a la Historia de la conquista, *Cabeza de Vaca* de Nicolás Echevarría. Destaca en esta cinta la transformación del personaje de Alvar en un integrante de los pueblos originarios que lo capturaron, un recorrido vital que se produce a través de varias etapas y rituales místicos. Los capturadores de Alvar ven en él un sabio que, al aprender los rituales americanos y la sabiduría de la naturaleza, puede volverse un destacado chamán. La película escenifica la metamorfosis del protagonista que se despoja de su aspecto de conquistador para renacer americano, un proceso más desarrollado respecto a lo que observamos en el final de *Zama* (por cierto tal transformación no existe en la novela).

Además de esta semejanza narrativa, destacan en ambas películas la voluntad de abandonar la pretensión de verosimilitud total, partiendo desde una representación conscientemente aceptada como parcial. Como lo indica el historiador Ángel Miquel en su estudio sobre la película, "Nicolás Echevarría logró una reconstrucción del pasado más verosímil que si hubiera intentado la autenticidad histórico-antropológica" (Miquel: 2024; 56). Tanto Echevarría como Martel hicieron un trabajo intenso en archivos históricos, pero eligieron basarse en elementos del entorno actual, considerándolos como herederos del pasado. Miquel toma como ejemplo el ambicioso y atrevido trabajo sobre el sonido realizado en *Cabeza de Vaca* para deshacerse de los códigos habituales:

Los sonidos naturales o producidos por seres humanos complementan la propuesta visual al apegarse estrictamente, de acuerdo con lo declarado por el sonidista Carlos Aguilar, a los "que existían en esa época". El sonido se grabó directamente en las locaciones, por lo que hubo que "silenciar" los ruidos de máquinas, radios, silbatos y trenes, junto a los emitidos por vacas, perros y burros. La textura sonora referida a América está compuesta fundamentalmente por voces y cantos indígenas; sonidos de cascabeles, tambores y flautas; ruidos naturales como el chirriar de los insectos en la selva, y derivados de acciones humanas como el chapoteo de los remos en las canoas (Miquel: 2024; 56)

El crítico Leonardo García Tsao incluso habla de "ciencia ficción retrospectiva" (García Tsao: 2008) para describir el trabajo de Nicolás Echevarría, acercándose perfectamente a lo postulado por Martel cuando comenta el proceso de la película.

5. *Zama*, una película colectiva: cuando el universo del rodaje permea la ficción

Destacamos hasta ahora múltiples influencias cinematográficas que influyen en la estructuración de la película de Martel. Es una producción ambiciosa que navega desenfadadamente entre diferentes formas cinematográficas superando los límites asignados a las películas históricas. En la revista *Trifulca*, la investigadora Sofía Criach comenta esta hibridez genérica de la siguiente manera:

> El filme entrega al espectador a una aventura visual y sonora que, por momentos, alcanza tintes de fábula casi demencial y alucinatoria. Mito, leyenda, épica, escena costumbrista, farsa, relato de amor cortés, crónica de Indias: a la hora de preparar su película, la directora parece haber echado una pizca de todo en el caldero que hierve morosamente bajo el tórrido sol del Gran Chaco (Criach: 2017)

El carácter transgenérico[15] perturba nuestras expectativas (no la podemos encajar en un determinado tipo de película) aunque, como dice Sofía Criach, nos invita a un

---

15 Una película que transita libremente entre los géneros, que los "mezcla".

viaje cinemático hacia lo desconocido. El abandono de la pretensión de verosimilitud y la transgresión de los géneros cinematográficos se acentúa mediante elecciones técnicas hechas durante el rodaje. Invirtiendo en las propuestas estéticas del neorrealismo y del nuevo cine latinoamericano[16], Martel permite que el universo diegético (aunque del siglo XVIII) se construya a partir de una estética que pretende usar un filtro mínimo sobre la realidad. Como bien señala Ángel Miquel a propósito de *Cabeza de Vaca*, se logra así curiosamente y paradójicamente una impresión de autenticidad que no tenemos en los grandes frescos históricos.

Destaca pues una permeabilidad en la frontera entre el universo diegético y el universo fuera de cuadro, el que rodea a la cineasta y los actores. Este fenómeno se percibe a través de la lectura de *El mono en el remolino: notas del rodaje de Zama de Lucrecia Martel*, de Selva Almada, escritora invitada durante el rodaje, quien recopiló sus impresiones dentro de este pequeño libro. Su crónica nos invita a considerar la importancia del ambiente periférico que rodea la película: noches improvisadas en hoteles de pueblo, paseos por los suburbios de Formosa donde viven una gran parte de los gom que intervienen como extras en la película, huelgas, altibajos de la producción, lluvias torrenciales, etc. El libro de Almada nos informa por ejemplo que las escenas de la segunda parte de la película (pensión en ruina) fueron filmadas en Derqui, un pueblo vecino que se asemeja a un "pueblo fantasma":

---

16 Ver, por ejemplo, el manifiesto por un cine imperfecto escrito por el director cubano Julio García Espinosa (*Cf.*, Naito: 2000).

[En Derqui, hay] un caserío ocupado a medias y una calle de tierra que lleva al río. Las camionetas brillantes y caras de los acopiadores de pescado que pasan por esa calle a toda velocidad más de una vez echan a perder una toma. Los pocos habitantes del pueblo son pobres y viven de la pesca, de changas y de los panes sociales del Estado. Enfrente del set, en una casa venida abajo, un cartel anuncia: tortas fritas 3x$10. Está escrito en un pedazo de cartón, atado con alambre a un poste de luz (Almada: 2017; 67)

Almada describe además la presencia de niños, de actrices y actores no profesionales, de hombres y mujeres integrantes de los pueblos originarios (los qom, en particular) que dan su propio carácter a la película, como en una de las escenas emblemáticas de la expedición, el paso nocturno de la tribu de los ciegos:

La mujer tiene más de ochenta años. Es una pilangá y vive en Campo del Cielo. La trajeron en remís y la acompaña un lenguaraz[17]. Es ciega. La van a buscar a la zona donde están las carpas del catering, la sientan en una silla de plástico y la traen entre dos hombres que levantan el improvisado palanquín y lo llevan tambaleando en el barro. Ella se agarra fuerte de los apoyabrazos y llora; tiene miedo de que los hombres la dejen caer. Recién cuando se calma, filman su escena: debe hablarle en pilangá a Diego de Zama, que duerme en una hamaca. La

---

17 Un remís es un taxi privatizado en Argentina. El lenguaraz es el intérprete.

63

voz de la anciana es tan débil que el sonidista tiene que inge-
niárselas para poder registrarla, para captar ese hilo fino, sutil,
casi invisible como el hilo de una araña (Almada: 2017; 23-24)

La gran mayoría de los actores y actrices no son profesionales, contratados mediante una importante misión de
casting confiada a Verónica Souto. Según las palabras de
Martel, Souto fue "capaz de ir a lugares donde ni siquiera
va la policía. Buscó actores durante meses, sola, con un calor sofocante, en la provincia de Formosa. Y aun cuando,
por nuestra parte en Buenos Aires, tomamos la decisión
de detener la película por falta de medios, ella siguió man-
dándonos sus hallazgos (…) algo que nos dio fuerza para
continuar el rodaje". Otro ejemplo es la naturalidad de la
actuación y de las risas del grupo de mujeres del principio
de la película (escena del baño de arcilla). La situación es
inusual para ellas (se bañan en el río desnudas y en otoño)
pero a la vez muy alegre:

Las mujeres desnudas chapotean en el río. Ríen, se tiran
agua, juguetean entre ellas. Alegres como las colegiales de
Picnic en las Rocas Colgantes, pero en cueros. No es prima-
vera sino otoño. El día está lluvioso y hay que rodar en las
breves interrupciones de la lluvia. Hace frío. Utilería im-
provisó un piletón tibio adentro del río. El utilero, el único
varón junto con el sonidista, llena la pileta con agua caliente
para que las mujeres estén más cómodas. Cuando terminan
de filmar la escena, las muchachas todavía desnudas buscan
sus teléfonos celulares entre la ropa y se los alcanzan a las
chicas del casting para que les saquen fotos (Almada: 2017;
77)

Zama es sin duda una obra en la que permea el universo humano que rodea la producción de la película y más allá el ambiente creado por la confluencia de personalidades artísticas experimentadas. Muchos nombres que aparecen en los créditos tienen una trayectoria importante en el cine y en los mundos afines: la directora de casting, Natalia Smirnoff, es directora de cuatro largometrajes reconocidos por la crítica, entre los productores encontramos a los hermanos Almodóvar, a la cineasta Julia Solomonoff pero también a los actores Gael García Bernal y Diego Luna. Entre los actores con aparición fugaz encontramos a personalidades como Germán de Silva, actor de teatro conocido con incursiones en cine (*Las acacias*, *Relatos salvajes*, *Los dos papas*), Alejandro Ros, diseñador gráfico y artista famoso en el mundo del rock argentino (colaborador de Soda Stereo, Fito Páez, Julieta Venegas, La Bersuit, etc.), Rodolfo Prantt, universitario y bailarín contemporáneo, etc. Existe una efervescencia artística e intelectual alrededor de la película de Martel que influye en su aspecto vanguardista, pero también en una coloración paradójicamente alegre y ligera (como la música de los Indios Tabajaras que se repite a lo largo de la cinta).

En los aspectos técnicos, Martel se rodeó de profesionales aguerridos. En cuanto al sonido, por ejemplo, un trabajo intenso fue llevado a cabo por Guido Berenblum (diseñador de sonido) a quien la cineasta rinde homenaje en una de sus entrevistas:

> Tiene un metrónomo en el hipotálamo. Detecta ritmos y sonidos donde los demás escuchamos un ruido espantoso. Guido y su equipo han perdido la cordura hace tiempo, como

la mayoría de la gente que trabaja con sonido, y para disimular inventan enfermedades y hablan de comidas exóticas. Queríamos que el sonido fuera subjetivo y muy ajustado a la región del Chaco. Nos gustaban mucho el urutaú, casi humano, y el pájaro campana, casi cibernético. Guido juntó una colección de pájaros de la región que encontró en distintas páginas de ornitólogos, además de chicharras y otros bichos (entrevista con Koza: 2018)

Para representar el pasado, Martel le otorga una importancia específica a los sonidos animales y naturales que se supone permanecieron idénticos a través de los siglos. Sin embargo, el trabajo sobre el sonido, a pesar de pretender cierta autenticidad, también postula una ruptura respecto a la ilusión de verosimilitud. Volveremos más adelante sobre la interpretación de esta ruptura, señalemos por ahora los sonidos de vórtice y la música apacible que acompaña las acciones de los personajes. Hay todo un conjunto de sonidos anacrónicos y en desfase con lo que se está representando. Se trata en realidad de una intención asumida por parte de la cineasta que nos recuerda constantemente que estamos ante una ilusión de representación.

Otra elección técnica que desentona con la clásica representación fílmica es todo lo que tiene que ver con la luz en la película. El trabajo de Rui Poças, el director de fotografía, en colaboración con Lucrecia Martel, fue muy intenso en este sentido. Poças sintió la necesidad de "alejarse de los clichés" habituales de representación en las películas históricas, demasiado inspiradas en las producciones europeas y norteamericanas:

[La idea era dar] una luz sudamericana, tratar de no hacer una belleza que tenga que ver con la representación pictórica de las pinturas europeas de la época, que tiene que ver con un determinado tipo de colores, contraste, tipo de luz. Y, luego, por la época también tratamos de no utilizar las fuentes de luz que uno encuentra siempre en esas películas. O sea, el fuego. Tratamos de no iluminar con fuego, velas, antorchas, que siempre suelen estar en las películas de época y que tratan de cargar mucho dramáticamente las escenas. Por ejemplo, hay una escena, cuando Zama va a buscar un médico, y ves que es una luz de cocina del siglo XX o del siglo XXI, no es una luz de vela, ¿de dónde viene esa luz?, no importa, es algo que está ahí pero no es el fuego, seguro (Poças: 2018)

La película busca en este sentido "nuevas formas de representación (…) La imagen de *Zama* es una imagen que emerge de la nada, de la más absoluta imaginación de sus creadores, de la necesidad que requiera cada secuencia, cada escena, cada plano" (*idem*). Rui Poças también nos explica que, estéticamente, quiso evitar un tipo de representación del siglo XVIII y XIX, el que solemos encontrar en los cuadros famosos de esta época. Se negó en particular a utilizar grandes contrastes de iluminación ("Traté de no ir por ahí, de no hacer Goya con *Zama*"). En la película tampoco encontramos muchos juegos con las sombras evitando la utilización de una estética demasiado expresionista (elección que quizá hubiera sido más intuitiva para representar el *Zama* de Di Benedetto). Poças explica claramente que buscó otras fuentes de inspiración aventurándose en otro tipo de representación, encontrando finalmente un punto de partida en algunas expresiones de la pintura escandinava:

> Yo tenía que ir a filmar a Groenlandia y estaba empezando a ver cosas de la pintura europea, de la pintura nórdica. Tenía ejemplos de iluminación, de interiores, que no es una luz directa, como tenemos nosotros, en Península Ibérica, pero esa luz nórdica, que es una luz muy suave que entra en las casas, genera muy pocas sombras, es muy suave y hay una soledad en la imagen, y también una sensación de una paleta circunscrita a determinados colores, el marrón, los blancos, el gris. [Y en un museo de Copenhague] encontré por casualidad una pintura de un tipo que no conocía, que nunca había visto, y que era exactamente lo que estaba buscando. Era el cuadro de Ejnar Nielsen, *And in His Eyes I Saw Death*.

And in His Eyes I Saw Death, Ejnar Nielsen, 1987.

68

Lo que tenía esa pintura era (…) una paleta que era en los mismos tonos, un tipo que estaba muy pegado a la pared hacia una mezcla de bidimensionalidad. Un encuadre muy raro, muy poco convencional y me interesaba también lo que sucedía, al igual que al personaje de la película, lo que no estaba presente en la imagen. […] A partir de ese día fue mucho más fácil la comunicación entre Lucrecia y yo, a través de esta pintura, que tenía algunas de las cosas que estábamos buscando exactamente. Siempre debemos traducir en imágenes lo que hablamos. Esa traducción es labor del director de fotografía (Poças: 2018)

Desde los meandros interiores de la concepción de la película, Poças nos informa sobre algunas elecciones estéticas fundamentales que se utilizaron para poner de relieve la soledad y la angustia de don Diego de Zama. La "luz nórdica", la "paleta circunscrita" de colores y el "encuadre muy poco convencional" de la pintura de Nielsen son sensibles en la concepción del universo de *Zama*, sobre todo cuando tenemos escenas en interiores (de ahí el rechazo respecto a la utilización del fuego). La elección de esta tonalidad escandinava nos acerca curiosamente a algunos ambientes típicos del continente americano; logra un efecto más específico respecto a los códigos técnicos que se enseñan en la mayoría de las escuelas.

Y si Martel ya utilizaba en sus películas anteriores disposiciones muy particulares (con cámaras fijas en medio de la acción y gran libertad de movimiento para los actores), la paleta de colores es radicalmente diferente, acercándose en momentos casi a un blanco y negro (paleta de grises y marrones). Esta tonalidad contrasta plenamente con los colores deslumbrantes y saturados de algunos exteriores

69

(sobre todo en la tercera parte), un contraste que logra cierta sublimación de la naturaleza suramericana.

Pensamos finalmente en los anacronismos asumidos como tales por la directora en el vestuario. El diseñador de vestuario, Julio Suárez, había participado en una película épica sobre la epopeya de San Martín (*Revolución: el cruce de los Andes*) pero para esta película no siguió las mismas normas. Se inspiró en los modos tradicionales de vestir de los habitantes de las provincias vecinas de Corrientes o Formosa para no borrar la importancia de los pueblos originarios.

Otros elementos son responsables de un efecto de distanciación, por ejemplo, el uniforme azul que llevan los esclavos en el desempeño de sus funciones cotidianas contrasta con los demás tejidos y con el hecho de que van casi desnudos. Visualmente se subraya la absurdidad del universo colonial, marcando en la pantalla la presencia del subalterno. Otro elemento de ruptura son los atuendos de época llevados por las élites en la película, que no forzosamente corresponden al periodo histórico. Como dice Martel, "para los funcionarios de la Corona nos apoyamos (...) en la corte francesa, que ha sido durante mucho tiempo la ambición de nuestra pequeña burguesía del siglo XX. Pero falso para el XVIII, y más aún en las colonias" (entrevista con Koza: 2018). Se trata de una burla indirecta de las ambiciones de la burguesía argentina contemporánea quienes pretendían ser los más europeos de los americanos, demarcándose de las tradiciones locales[18]. Estamos en medio del Chaco pero con la interferencia de la moda de Versalles.

---

18 Incluso así, al ser diferente de la imagen estereotípica que nos dan las películas históricas, se crea una impresión extraña de verosimilitud, al

Señalemos para terminar la última entrada del diario de Selva Almada que nos enseña el trabajo característico de la cineasta que da un toque surrealista a su película a través del elemento onírico:

> En el casting, Lucrecia Martel les pedía a los postulantes que le contaran un sueño. Un hombre contó que volaba en un caballo blanco, sin alas, y llegaba a un mundo lejano, otro planeta, un jardín de árboles alineados, manzanos, perales, naranjos, un jardín de frutas deliciosas. El caballo corcovea y él cae. Ahí terminaba el sueño. En ese momento el hombre se tapó la cara y se puso a llorar, porque se acordó de su padre muerto, que una vez le dijo que tenía un don (Almada: 2017; 93)

La fuerte influencia de lo onírico en la construcción del universo de la película lleva a la cineasta a alejarse de la

ser la imagen diferente pero cercana a algunas imágenes que tenemos como público.

71

representación clásica del pasado para entrar en sintonía con las personas que participan en la película.

En este sentido, nos parece fundamental para la comprensión de la película analizar más detenidamente los códigos de la ciencia ficción citados por Martel ("hemos utilizado los códigos de la ciencia ficción para reconstruir el pasado"). Esta afirmación es a primera vista paradójica sobre todo si no tomamos en cuenta que Martel se inspira en el universo literario argentino, un país con una larga tradición de cuestionamiento de la ilusión de verosimilitud propugnada por el realismo. De hecho, antes de estrenarse con su primer largometraje de ficción (*La ciénaga*, 2001), la cineasta había realizado un mediometraje para la televisión sobre la famosa escritora rioplatense de literatura fantástica, Silvina Ocampo, una película considerada como un preludio al universo de Lucrecia Martel (*Cf.*, Mullaly: 2006 y 2016). La obra de Martel es heredera de una larga genealogía de obras fantásticas y de ciencia ficción, cuyos códigos maneja perfectamente para crear una estética vanguardista.

6. La herencia de la literatura fantástica rioplatense, la exploración de las zonas inconscientes secretas y la ciencia ficción para armar el pasado

Aunque no observamos acontecimientos sobrenaturales significativos, no dejamos de experimentar un sentimiento profundamente perturbador, una sensación de extrañeza recurrente que inevitablemente nos lleva a considerar el aspecto fantástico en la película. Para entender mejor el funcionamiento de esta extrañeza fundamental, es preciso detenerse en los efectos producidos por la adopción de un enfoque particular en la película: ¿desde dónde percibimos la acción y cómo este punto de vista afecta nuestra visión, dando un aire sobrenatural a algunos elementos?

La gran mayoría de los elementos perturbadores se deben al enfoque en el protagonista y a su mirada subjetiva. Percibimos las imágenes y los sonidos a través de su punto de vista o mejor dicho a través de las alteraciones provocadas por su estado mental cansado, trastornado, en desajuste con la realidad que lo rodea. La perturbación que siente explica en gran medida el extrañamiento presente en la película, un procedimiento clásico utilizado por los autores de literatura fantástica. Como lo indica el teórico francés Pierre-Georges Castex, "lo fantástico se vincula con los estados mórbidos de la conciencia que, durante fenómenos de pesadilla o delirio, proyecta imágenes de estas angustias o de estos terrores" (Castex: 1951).

La idea de desfase es fundamental para entender el universo extraño que se representa en la película. La cineasta utiliza el enfoque para explorar el fondo de la psicología del personaje, proyectándonos sin filtros en sus miedos, sus emociones o sus fantasías. Descubrimos el aspecto escondido de Zama, el hombre de poder, una de las características más interesantes de lo fantástico según la eminente teórica Milagros Ezquerro, quien afirma:

Lo fantástico [permite] *aprehender el mundo y sus moradores*, explorar de manera a menudo despiadada o desesperada *las zonas más secretas de los personajes*. El relato fantástico supone una proyección muy particular del escritor en su texto, una alta tensión de la escritura, como si algo importantísimo, vital o mortal, se jugase en ella (Ezquerro: 1997, 17, traducido por el autor)

Esta tensión muy fuerte, ilustrada acústicamente por la utilización recurrente del *shephard tone*[19] y por los incesantes murmullos y voces, refleja la angustia interminable del personaje. La exploración de la psicología del personaje y de sus zonas secretas tiene un sentido especial si consideramos su dimensión alegórica. La psicología individual de Zama refleja las ambigüedades y las tensiones presentes en la sociedad y que subyacen en el inconsciente colectivo.

Aquí estamos dentro de la mente de Zama, lo cual crea una sensación sofocante/agobiante con la interferencia de miedos irracionales que remiten al universo de las pesadillas. De alguna manera nos acercamos a la inquietante extrañeza descrita por Freud como componente básico de lo fantástico[20]. En la película, el fenómeno de la inquietante extrañeza explica de forma global el recorrido de *Zama*: su universo familiar se ve progresivamente invadido por ele-

---

19 Se pueden encontrar reproducciones acústicas del *shephard tone* en línea, así como la diferencia entre el *shephard tone* ascendente y el descendente (este último es el que se usa en la película). Por ejemplo: https://www.youtube.com/watch?v=6GkuXfgUoro

20 Para analizar el efecto fantástico, Freud forja el concepto de *Unheimlich* (*uncanny* en inglés, la "inquietante extrañeza" o "lo ominoso" en castellano), cuya etimología se descompone de la forma siguiente: por un lado lo "familiar" (*Heimlich* de la palabra *heim* que significa "hogar") y por otro el prefijo *Un-* qui indica una inversión. La palabra *un-heimlich* significa pues la "des-familiarización" o la subversión de las constantes estables que nos rodean, creando un marco seguro y tranquilizador.

mentos cada vez más extraños hasta perder por completo la seguridad y la estabilidad. Privado de familia, de amigos, del sentido de su oficio, los escasos elementos que le quedan de su universo estable se desmoronan progresivamente, no pudiéndose cobijar ya en ninguna parte. Se siente observado, perseguido incluso en los actos más sencillos de su vida diaria. Las extrañezas acaban amenazando su espacio más íntimo, su propio hogar y su habitación: ladrones, hombres desnudos, apariciones de niños, animales y, más adelante, apariciones espectrales.

¿Cómo interpretar la utilización de los recursos de lo fantástico por Martel? Empecemos recordando el valor intrínseco de las literaturas fantásticas respecto a la literatura realista. El crítico español David Roas afirma al propósito:

> El relato fantástico provoca la incertidumbre en la percepción de la realidad y del propio yo (…) Lo fantástico nos descubre la falta de validez absoluta de lo racional y la posibilidad de la existencia, bajo esa realidad estable y delimitada por la razón en la que habitamos, de una realidad diferente e incomprensible, y por lo tanto, ajena a esa lógica racional que garantiza nuestra seguridad y nuestra tranquilidad (Alazraki y Roas: 2001; 28)

Las producciones fantásticas ponen de relieve problemas ontológicos y descubren aspectos ocultos de la existencia, cuestionan el mundo como lo conocemos invitándonos a desnaturalizar ciertos elementos que se dan por sentado. Este valor ha sido subrayado por vario·as escritore·as y crítico·as hispanoamericano·as y puede explicar en gran parte el papel destacado de las literaturas fantásticas en el marco más general de la literatura hispanoamericana. En *Zama*, sin embargo, se explota plenamente el aspecto emancipador de lo fantástico, invitándonos a deconstruir nuestros marcos de reflexión habituales.

Como lo afirmamos anteriormente, la película incluso juega con algunos códigos de la ciencia ficción. Afirmar que *Zama*, una película histórica ambientada a finales del siglo XVIII, se concibe gracias a la ciencia ficción puede parecer a primera vista paradójico. El público se espera a determinados temas, a una estructura e iconografía que facilitan el proceso de identificación. Sin embargo, estas imágenes estereotípicas se forman desde una óptica determinada que se acerca mucho a la cultura dominante.

En varias entrevistas, Martel resaltó la ambigüedad fundamental de cualquier película histórica, porque el pasado se reconstruye a través de una perspectiva contemporánea sesgada. La ausencia de informaciones exactas sobre la vida en el lugar de filmación de la película o, mejor dicho, el hecho de que solo sobrevivió un punto de vista preciso, nos invita a asumir como posibles el estatus ambiguo de ciertos elementos. El posicionamiento de Martel está muy claro en cuanto a la reconstitución del pasado, poniendo de realce la posición situada de cualquier intento de visualización:

> Con la ciencia ficción tienes una gran libertad para imaginar hipótesis. Creemos conocer el pasado a través de registros y fuentes históricas, pero ¿cuál es su valor en un continente construido sobre la eliminación de las civilizaciones anteriores y la apropiación ilegítima de sus tierras? Para hacer *Zama*, leí muchas crónicas y testimonios del siglo XVIII,

pero todos partían del mismo punto de vista: el del hombre blanco frente a un continente desconocido. Estos archivos, más que contarnos lo que había sucedido, servían para justificar las acciones de los conquistadores. Y, salvo algunos vestigios arqueológicos, no encontré nada sobre los indígenas que aparecen en la película, todos ellos ya exterminados en el siglo XVIII. Si damos poco crédito a los documentos históricos, debemos liberarnos de ellos e inventar, como si estuviéramos imaginando otro planeta (entrevista en *Libération*: 2018)

Martel cuestiona la pretensión de verosimilitud a partir de una comprobación bastante sencilla: la ausencia de pluralismo de voces en las descripciones que tenemos en los archivos sobre el siglo XVIII. La cineasta por supuesto no ignora la gran cantidad de testimonios, pero elige concentrarse en las voces marginalizadas que aparecen en el discurso monológico del hombre blanco colonialista. El carácter no verosímil se vincula pues con el carácter transgenérico de la película, es decir que Martel se niega a representar el pasado con los códigos heredados de la matriz colonialista y patriarcal ("el punto de vista del hombre blanco").

Martel elige la ciencia ficción explotando la regla básica del género: imaginar otros mundos saltándose las limitaciones tradicionales. La libertad ofrecida por la ciencia ficción es una brecha que explota Lucrecia Martel en la fabricación de su película. Respecto a la novela, el filme propone adicionalmente la creación de un mundo original, en el que pueden suceder hechos fuera de lo común.

Al contrario de una película que el espectador puede consumir apaciblemente, la cinta de Martel presenta varios elementos que pueden "molestar" pero que recuerdan los recursos de la ciencia ficción. Por ejemplo, el ruido de vórtice al final de los títulos de crédito que acompaña la pantalla negra y nos propulsa mediante un corte abrupto en el universo de la película. Las estridulaciones[21], cantos de pájaros, zumbidos de insectos cuyo origen es imposible localizar, anuncian la serie de desfases que irán aumentando a lo largo de la película. Desfases acusmáticos[22] que acompañan el recorrido laberíntico del protagonista. La importancia de esta molestia de la que no podemos deshacernos al salir de la sala es fundamental para entender la obra. Una de las máximas exponentes del género en Latinoamérica, la argentina Angélica Gorodischer, expresa esta característica de la ciencia ficción mediante la siguiente imagen:

La narrativa realista me suena a resignación, a protección del status quo, a señor sentado tranquilamente en una poltrona en su departamento con calefacción, diciendo "¡qué barbaridá!" cuando lee en el diario que hay gente que se muere de frío. La narrativa [de ciencia ficción] me suena a alguien leyendo *Los desposeídos* de Úrsula Le Guin y no pudiendo dormir bien esa noche ni las noches siguientes. Ese alguien no dice "¡qué barbaridá!". Probablemente no dice un corno, se queda calladito, pero piensa. Lo que haga después, es cosa

---

21 El sonido que se produce por la fricción de partes del cuerpo, típicamente el de las chicharras.

22 Según Michel Chion, los sonidos acusmáticos son los que percibimos sin conocer la fuente desde donde se emiten (Chion, 2005; sobre la acusmática en la obra de Martel, *cf.* Vieira: 2014).

suya. Pero piensa. Vos sabés que pocas actividades son tan peligrosas como ésa de ponerse a pensar. Y si alguien no lo sabe, que vaya y se lo pregunte a algún general de la nación (Gorodischer: 1985; 189)

Recordemos que *Los desposeídos* es una novela muy famosa de ciencia ficción, en la que Úrsula Le Guin describe las relaciones humanas en un mundo utópico anarquista en el que las estructuras de poder han sido abolidas. Su protagonista, Shevek, se horroriza cuando descubre las atrocidades cometidas en la sociedad capitalista de otro planeta parecido al nuestro, poniendo de relieve el desatino ético y la falta de lógica de nuestros comportamientos. La adopción de una perspectiva heterodoxa revela la monstruosidad de nuestra sociedad, dejándonos en un estado de profunda incomodidad.

La película de Martel funciona en este sentido, manteniéndonos en un estado perturbado e incomprensible, al revés de una obra "realista" clásica que nos hubiera enseñado moralmente una lacra de nuestra sociedad. El distanciamiento provocado por la película, que nos sacude fuera de nuestro sillón habitual, se convoca desde la primera escena de la película a través de una escenificación con alta carga metacinematográfica. Zama mira las imágenes que desfilan en el río que fluye, espejo de su ser, y al mismo tiempo nuestra mirada desdobla la del protagonista: también nos toca contemplar el río, metáfora de la cinta cinematográfica y de nuestra propia vida. Como afirma Angélica Gorodischer, "escribamos ciencia ficción y obliguemos a la gente a ver qué somos, cómo somos y qué puede llegar a pasarnos."

III. LA TRAMA DE *ZAMA* A LA LUZ DE LA NOVELA

Hemos señalado hasta ahora el contexto socio-histórico de la obra, así como la subversión de los códigos de representación. Nos sumergiremos a partir de aquí dentro de la trama de la película. En este capítulo describiremos las principales etapas de la historia ayudándonos del libro para entender mejor ciertas situaciones. No olvidemos que Martel se dirige no solo a un público que desconoce por completo la novela de Di Benedetto sino también a los que admiran la obra del escritor mendocino. De todas formas, la novela nos ayuda a rellenar algunos huecos de la película voluntariamente perturbadores.

La película gira alrededor de la vida y los deseos de Don Diego de Zama, alto funcionario colonial en las postrimerías del Imperio español. Zama es asesor letrado en una provincia del Interior (detallaremos más adelante la ubicación en el actual Paraguay), es decir que asiste al gobernador en sus tareas jurídicas y administrativas. Durante toda la película, el protagonista estará a la espera de un traslado a una ciudad más importante donde podrá cumplir su deseo de ascenso social y reencontrar a su esposa Marta y a sus hijos (estos personajes se nombran, pero nunca aparecen en la pantalla). A medida que vamos avanzando en la película este traslado se vuelve cada vez más inalcanzable y Zama decide finalmente enrolarse en una expedición desesperada en la selva en búsqueda de un bandido legendario.

7. Los tres capítulos de Zama

Muy rápidamente entendemos que no se trata de una película tradicional: no seguiremos las andanzas de un héroe desde el apacible refugio de nuestra butaca. La vida de Zama (el nombre en sí tiene una consonancia extraña) se caracteriza por una pérdida del sentido y una desorientación aguda. Sus acciones casi nunca alcanzan su objetivo y se ve atrapado por una sensación de absurdo. Una escena clave al principio de la película nos proporciona una imagen metacinematográfica[23] sugerente de esta sensación de desorientación. Un prisionero negro, torturado por los representantes de la Corona, empieza a contar una historia sobre un pez misterioso, un relato retomado en off mientras van apareciendo los créditos de la película:

Hay un pez que pasa la vida en vaivén…
Luchando para que el agua no le eche afuera…
El agua le rechaza, el agua no le quiere...
[corte; empieza a sonar el leitmotiv musical de la película; aparece el título de la película sobre fondo negro; un fundido abre sobre imágenes de peces nadando en aguas oscuras]
Estos sufridos peces, tan apegados al elemento que los repele, emplean todas sus energías en la conquista de la permanencia, nunca se les encuentra en la parte central del río, sino en las orillas [7'23 a 8'14]

---

23 Término utilizado por la crítica para designar un conjunto de procedimientos autorreferenciales: los recursos fílmicos que evocan el acto de hacer cine, los que son metáforas de la propia película, los que inducen una transgresión entre los diferentes niveles de realidad, etc.

Los créditos de apertura son escasos ya que solo aparece el título (enigmático hasta ese momento) de la película, *Zama*, palabra rara, que fonéticamente suena a "mama" o "ama". En la escena siguiente, se sustituye en el espacio central por el protagonista, filmado en plano medio corto, inmóvil y de espaldas, contemplando el río de aguas turbias. Esta presentación no carece de humor y se entiende retrospectivamente: el pez nadando de forma absurda para sobrevivir se sustituye en la pantalla por la figura de don Diego de Zama. Esta sustitución produce una metáfora de su condición estancada y sin salida, una sensación acentuada por el ángulo en picado que encierra a Zama en un paisaje borroso y sin cielo. El principio de la película nos introduce pues en las búsquedas absurdas de Zama condenadas al fracaso: espera del traslado a un puesto mejor, deseo de amor y reconocimiento, caza de un legendario bandido que atemoriza la colonia española.

Si la imagen de los peces perdidos en el vaivén del río alude al movimiento circular sin salida en el que se encuentra atrapado el protagonista, este movimiento también funciona como guiño para entender el funcionamiento de la película. Al igual que los peces en su perpetuo vaivén, la película nos invita a seguir la música apacible de los Indios Tabajaras y a sumergirnos en su movimiento circular, acercándonos al flujo existencial desviado de su protagonista.

Estar predispuesto a aceptar esta inmersión es imprescindible para apreciar la película, incluso la ausencia total de marcadores temporales o espaciales. ¿Cómo se llama el espacio donde estamos? ¿En qué año estamos? Ni siquiera tenemos indicaciones sobre las dos elipsis[24] de varios años en los dos momentos clave de la película y tampoco sabemos cuánto tiempo transcurre entre las diferentes escenas. Las elipsis temporales no se explicitan en la película, creando la sensación de un tiempo estático, subrayando la situación absurda de estancamiento en la que se encuentra el protagonista y que estudiaremos más adelante. Como lo indica Víctor Blanes Picó:

> Martel adapta la novela con total libertad, pero mantiene el periodo que abarca, y si bien el texto está puntuado en tres partes delimitadas por años, la directora argentina nos presenta la vida de Don Diego como una unidad en la que el tiempo se estira y encoge a su antojo. La elipsis y su difícil

---

24 Mientras el relato avanza en orden lineal, la elipsis consiste en no mencionar lo sucedido entre un punto temporal A y un punto B. En general, se elige no contar ciertos sucesos por considerarlos superfluos aunque las elipsis también se utilizan para crear efectos de misterio. Las elipsis a menudo se explicitan mencionando las fechas entre cada acontecimiento o con elementos claros de cambio.

identificación, aunque pueda requerir un tanto más del espectador, ayuda a conformar el limbo en el que se sumerge la película ya desde la primera imagen (Blanes Picó: 2018)

En *Zama*, tenemos la impresión de estar perdidos en el tiempo, sin elementos temporales precisos con la superposición de momentos claves de la vida del protagonista, que nos hacen entrar dentro de la piel del personaje, de sus pensamientos y fantasías más profundos. Martel escoge así varias escenas clave de la vida del protagonista[25] siguiendo un orden lineal, pero sin explicitar los huecos temporales entre cada escena, creando una indefinición temporal responsable de lo que se puede llamar un efecto de acronía[26]. Si la película produce voluntariamente una sensación de extravío y estancamiento, conviene para nuestro análisis destacar claramente la progresión de la historia. La dividiremos pues en tres partes siguiendo el orden propuesto por la novela. Esta se divide en tres capítulos distintos con tres fechas rotundamente explicitadas en los subtítulos: 1791, 1794 y 1799[27].

[25] Este procedimiento recuerda de alguna manera la técnica inaugurada en *Citizen Kane* por Orson Wells para establecer un balance crítico del protagonista a base de retazos de vida colocados uno tras otro.

[26] La acronía es un efecto creado por cierto tipo de narración que carece de marcadores temporales, presenta numerosas elipsis y puede acumular los vaivenes en el tiempo. La acronía crea un efecto poético particular, remitiendo a la contemplación, lo onírico, el ensueño y la autorreflexión. La obra maestra en este sentido es *En búsqueda del tiempo perdido* de Marcel Proust.

[27] Como veremos más adelante, estas fechas corresponden más o menos a la vida de las dos personalidades históricas que inspiraron la novela y la película (Don Diego de Zamalloa y Félix de Azahara).

El primer capítulo, después de presentarnos al personaje principal y al *leitmotiv* de la búsqueda (una situación mejor gracias al traslado que no llega nunca) tiene como objeto principal el intento fallido de seducción de una mujer ostensiblemente española, doña Luciana Pinares de Luenga. Veremos más adelante que los intentos de seducción fracasados y la rivalidad con Ventura Prieto nos hacen pensar en una parodia de amor cortés que podría enmarcarse en la tradición quijotesca. Después del fracaso de esta historia (el rival consigue los favores de la dama y Zama recibe el primer rechazo a su traslado), la segunda parte se configura como un descenso inevitable a los infiernos, observable en la acumulación de situaciones desagradables o absurdas que acarrean un declive del personaje. En esta segunda parte, tenemos un fuerte aspecto introspectivo reforzado por el onírico (más bien de pesadilla) y el carácter metanarrativo: la misión del protagonista es censurar al oficial Bermúdez quien está escribiendo una novela (la autorreferencialidad es más sensible en este sentido en el libro de Di Benedetto). Zama fracasará en todos los aspectos y el final de la segunda parte lo encuentra en una soledad y pobreza extrema, alejado de cualquier aspecto de amor y racionalidad.

He aquí un cuadro sintético que resume las tres partes en la película:

1791: Introducción; historia de desarrollo con doña Luciana; rivalidad con Ventura Prieto. Hasta 50'45.
1794: Traslado rechazado, aislamiento y descenso a los infiernos. De 50'45 a 1h.20'43.

1799: Expedición fracasada en la selva para atrapar a Vicuña Porto y conclusión. De 1h.20'43 hasta el final.

La primera parte cumple una función introductoria y
tiene una duración más importante respecto a la segunda y la tercera, de duración equivalentes (media hora).
Podemos observar la transición temporal a otro capítulo
mediante el cambio de los gobernadores (que, en aquella
época supone el transcurso de cierto periodo de tiempo):

| Gobernador 1 | Gobernador 2 | Gobernador 3 |
| (Gustavo Böhm) | (Daniel Veronese) | (Rodolfo Prantte) |

Una mirada atenta nos alerta sobre la elipsis temporal
gracias al cambio entre el primer gobernador y el segundo. Sin embargo, la sustitución es difícilmente perceptible
tanto porque el gobernador es un personaje secundario
en la primera parte de la película como por el físico parecido de los actores (algo corpulentos y no muy altos),
su atuendo y el uso de la peluca. Además, como se puede
observar en los fotogramas, el encuadre para filmar a los
gobernadores es parecido (sentados con una ventana detrás de ellos). El parecido entre los dos gobernadores es

responsable de una nueva sensación de extrañamiento ya que es difícil percibirlo en primera instancia (algo parece "incorrecto").

Al final de la primera parte (minuto 46-48), el gobernador convoca a Zama después de la llegada del Correo Real y asistimos a un diálogo en el que la confusión de papeles se ve agudizada por la confusión gramatical. La escena es importante porque juega con las expectativas tanto del espectador como del protagonista. En vez de anunciarle el traslado tan deseado, el gobernador le informa sobre su propia partida y además, sobre la decisión de "deportar" a Ventura Prieto a la ciudad donde paradójicamente quiere ir Zama:

- Ha elegido la ciudad de Lerma.
- Sí, he pedido mi traslado a la ciudad de Lerma.
- Ventura Prieto ha elegido la ciudad de Lerma.
[después de un silencio, Zama esboza una mueca de incomprensión e indignación]
- El deportado elige su destino y es recomendado... [47'18 a 47'47]

Tanto en la novela como en la película el episodio es clave en el proceso de agudización de la espera (a partir de este punto, esta se vuelve cada vez más desesperada e insoportable). Es interesante aquí subrayar algunas diferencias con la novela. Primero, la ciudad de Lerma es un topónimo inventado que añade una capa de extrañeza suplementaria a la película para las personas que no son oriundas de Salta y no entienden el guiño: Martel hace referencia al valle principal de la provincia de Salta, el valle de Lerma. En la novela, el protagonista indica claramente que desea ser trasladado a Santiago de Chile:

Santiago de Chile se borraba como posibilidad de un puesto vecino a la tierra de mi esposa y mi madre.

Olvidé los sellos del rey que desde la mesa me fascinaron en la primera mitad de la entrevista. Le pregunté si le era necesario para algo más y, ante su respuesta negativa, pedí permiso para retirarme. [él] quería enterarme, después de haberme conmovido con su insinuación de favores, y yo debí afectar regocijo y prodigarle zalemas (…)

Soporté el enojo; pero de noche, en el lecho, prescindiendo ya de los reproches con que podía atormentarme, caí víctima de una desesperación de otro tipo. Yo era un animal enfurecido, rabioso. Ignoro qué animal, sólo sé que de cuatro patas y muy forzudo (Di Benedetto: 2000; 69)

Si en la película el gobernador actúa algo aleatoriamente, en la novela se pone de relieve la afrenta y la pasión violenta ilustrada por la animalidad de Zama. Su reacción es emborracharse y perder todo su dinero en una apuesta en las carreras de caballos. En la película, el protagonista permanece pasivo y cabizbajo, se prepara a aceptar su destino y el único animal es un guanaco que se pasea apaciblemente por el despacho del gobernador, cuya presencia fortuita resulta por lo menos perturbadora puesto que el guanaco no es un animal de la región del Chaco sino del Noroeste de Argentina, de donde son tanto Martel como Di Benedetto. En este momento importante de transición, Martel insiste en el extrañamiento con un tinte de humor paródico y absurdo, un aspecto menos desarrollado en la narración novelesca.

La transición entre la segunda parte y la tercera en cambio se percibe más fácilmente porque, para escapar a su destino, Zama toma una decisión desesperada: enrolarse en una expedición suicida para capturar al legendario bandido Vicuña Porto. El principio de la tercera parte es la única en la que vemos al "Gobernador III", que se presenta como alguien alto y elegante. Interpretado por Rodolfo Prantte, actor paraguayo, se diferencia de los actores argentinos a los que se substituye, terminando su corta aparición hablando en guaraní. Zama también aparece muy envejecido en esta tercera parte: lleva una larga barba blanca, camina cojeando y, en su última entrevista con el gobernador le contesta con una voz grave y dolorida que "hace mucho tiempo ya" que está en su puesto esperando el traslado.

8. Amor de caballeros y descenso a los infiernos

Al principio, la película presenta al protagonista como alguien solitario, despistado y capaz de actuar de la forma menos honrada posible. La primera secuencia, sobre la que volveremos más adelante, muestra a alguien contemplativo y algo ansioso. Sin embargo, enseguida empieza a espiar a un grupo de mujeres que se bañan tranquilamente en el

río y luego abofetea sin piedad a una mujer indefensa. La novela lo muestra igual de violento:

> Únicamente podía descargar [en ella] el ímpetu que alimentaba mi ánimo defraudado. Así como estaba [la mujer] en

cueros, la tomé del cuello ahogándole el grito y la abofeteé hasta secar el sudor de mis manos. De un empujón di con su cuerpo en el suelo. Se acurrucó volviéndome la espalda. Le apliqué un puntapié en la nalga y partí (Di Benedetto: 2000; 15)

En este fragmento inicial, la violencia se atribuye al "ímpetu que alimenta" el "ánimo defraudado" del protagonista. La ausencia de su esposa y los años de abstinencia sexual provocan un malestar físico que despiertan los instintos "animales" de Zama. A lo largo de la novela, el narrador de Di Benedetto explica en parte el comportamiento indecente y amoral de Zama por las pulsiones fuertes e insatisfechas que le hacen perder su raciocinio. Acabamos de ver cómo después de una nueva frustración el narrador describe su transformación en un "animal de cuatro patas y muy forzudo", "enfurecido y rabioso" haciéndonos pensar en un caballo salvaje o un toro. La explicación de la violencia por la abstinencia sexual, no chocante en la narrativa de un varón de los años 1950, hubiera desentonado claramente en la película de Martel. Ella insiste en cambio en la desesperación de Zama, que se vuelve cada vez más atónito.

Martel elude pues las descripciones de los efectos de la abstinencia sexual, lo que lleva el guion a hacer otro cambio importante ya que Zama expresa en varias ocasiones su voluntad de permanecer fiel a su esposa: "la distancia implicaba tortura, por la rigurosa lealtad guardada a Marta, aunque a mi conciencia no pudiera explicarle claramente por qué le era tan fiel" (Di Benedetto: 2000; 22). El protagonista subraya así su abstinencia total que lo "tortura" psicológica y físicamente. Más adelante en la novela, después de la fiesta en la casa del gobernador, los hombres deciden acostarse con prostitutas, pero Zama se niega y el narrador describe las consecuencias tangibles en su cuerpo lleno de fuertes pulsiones.

De forma general, hay escasas referencias al vínculo matrimonial en la película mientras que en la novela constituye el objetivo deseado por el protagonista. En la primera parte, el narrador insiste a menudo en la vida familiar añorada por Zama. Por ejemplo, sueña al final de la primera parte con volver a los brazos de su esposa y encontrar el dulce calor del hogar: "Marta, al fin, en mis brazos, y con ella el *deseado hogar*" (Di Benedetto: 2000; 97, yo subrayo). Identificamos por lo menos dos intercambios de cartas en las que leemos amor y abnegación: Marta dice ser capaz de sacrificarse por Zama, honrando el papel de esposa fiel. Sin embargo, este vínculo se deshará progresivamente en la novela hasta quedar totalmente difuso en la tercera parte, sin más explicaciones. A través de lo absurdo, se enfatiza eficazmente la soledad y el desamparo del protagonista, abandonado por todos, incluso por su mujer, su madre y sus hijos.

Por lo demás, la primera parte tiene como objeto principal el intento fallido de seducción de doña Luciana Pinares de Luenga, la mujer más rica y atractiva de la localidad donde vive Zama. Su origen peninsular (es española nacida en la metrópoli) se pone de relieve gracias a su acento español y el hecho de que es la única actriz con este acento. El público informado reconocerá a Lola Dueñas, actriz española famosa por su papel protagónico en *Mar adentro* de Alejandro Amenábar y sus apariciones en cintas de Pedro Almodóvar (*Volver, Hable con ella, Abrazos rotos, Los amantes pasajeros*). La acción se configura como una parodia de una historia de amor cortés, con intentos de seducción fracasados y rivalidad con Ventura Prieto, quien consigue finalmente los favores de la dama.

La tensión paródica se puede apreciar pensando en los grandes melodramas históricos que escenifican amores imposibles convirtiéndose en clásicos del arte cinematográfico. Del famosísimo *Gone with the wind* a la mexicana *María Candelaria*, primera película de lengua hispana galardonada en Cannes, los ejemplos son incontables, llegando a constituir los éxitos taquilleros más importantes. Estas películas ostentan héroe valientes, puros y sinceros, humildes y capaces de entregarse por los demás hasta sacrificarse por el ser amado o por una noble causa. Por la ambientación en el siglo XVIII, la solemnidad y ritualidad ostentada por los actores de la película, el personaje de Zama desde el principio remite a estos héroes típicos del romanticismo y de los grandes dramas históricos.

Esta dimensión no se percibe tan fácilmente en la película, aunque algunos elementos de la novela nos ayudarán a establecer esta perspectiva claramente. Por ejemplo, en la primera secuencia encontramos al protagonista en una actitud poética y contemplativa, lleva un atuendo rico y una espada. Intuimos la presencia de un caballero del siglo XVIII. Sin embargo, enseguida hace gala de una conducta totalmente inapropiada con su rango social. Se esconde detrás de una roca trasgrediendo la intimidad de las mujeres en el río para satisfacer su deseo escopofílico. Cabe precisar que, en la escena siguiente del libro, el esposo de la dama ofendida intercepta a Zama en la calle para provocarlo en duelo. El "duelo" entre caballeros es un tópico de las ficciones históricas, específicamente en el cine de capa y espada[28]. Sin embargo, este duelo nunca tendrá lugar, lo cual se explicita claramente en una escena novelesca excluida de la adaptación:

> [El marido de Luciana] me tomó de las ropas (…) y me gritó "¡Habrá duelo!", y se fue (…) Pero no habría. Por toda la calle no pasaban más que una perra en celo y sus pretendientes de cuatro patas; en consecuencia, ningún testigo le exigiría el cumplimiento de su palabra, un anuncio explosivo que seguramente le bastó para quitarse la gana de darme maltrato (Di Benedetto: 2000; 16)

Se trata de la única aparición de don Honorio Piñares de Luenga, ministro de la Real Hacienda y marido de Luciana, que en la película desaparece totalmente. Se aprecian en este fragmento la ironía y el humor mordaz, característicos de la escritura de Di Benedetto, quien juega desenfadadamente con la tradición novelesca y la representación que tenemos del pasado. Se aprecia además en clave quijotesca una parodia de la figura del caballero que intenta actuar de forma épica o noble, pero sin el carisma y la virtuosidad necesarios. Zama se puede entender como un Quijote de

---

28 Basado en el universo de autores como Alejandro Dumas, el cine de capa y espada es un género muy popular desde las primeras adaptaciones de *La marca del Zorro* a *Las aventuras de Robin Hood* y las sucesivas adaptaciones de *Los tres mosqueteros* o del *Conde de Montecristo*. La escena del duelo es uno de los espectáculos preferidos y más esperados por el público.

la era contemporánea, atrapado en una situación absurda, que sueña con ser alguien noble y vivir el amor puro con la dama de su corazón.

El juego paródico es muy fuerte en la película y, asociado con otros procedimientos sorprendentes, crea un desfase que puede desorientar al público. Desarrollaremos más adelante la significación de este extrañamiento, pero conviene ahora explicitar cómo se crea este desfase, deteniéndonos en una de las secuencias más significativas, la fiesta en la casa del ministro contador (en la novela, el nombre completo del personaje es don Godofredo Alijo, Ministro de la Real Hacienda, un nombre parecido al del marido de Luciana, recurso suplementario que crea confusión).

Don Diego de Zama!

La escena empieza con un plano de conjunto inusual, ya que la cámara se coloca detrás de una apertura en la pared que se asemeja a una ventana. Este encuadre especial estorba nuestra visión, como si un filtro negro en forma de L inclinada se hubiera aplicado sobre la cámara:

la pared a la izquierda y la parte superior de la ventana ocupan el 45% del espacio de la pantalla, ocultando casi la mitad de la escena. Este tipo de encuadres extraños es un procedimiento muy apreciado por Martel, por ejemplo en *La mujer sin cabeza*, cinta en la que los cuerpos quedan voluntariamente cortados (se corta a menudo la cabeza de la protagonista).

El juego con el encuadre imperfecto produce un desdoblamiento (un cuadro dentro de otro cuadro) que recuerda la presencia metacinematográfica de la cámara y del equipo de rodaje. Provoca cierto desfase que funciona junto a la utilización de las pelucas al estilo francés y la voz extradiegética que anuncia la llegada de los invitados. Esta voz es un recurso típico del cine tradicional para representar las recepciones fastuosas de las Cortes europeas: se anuncia el nombre de manera protocolaria y entra el personaje por la puerta principal, ocupando generalmente el centro de la pantalla. Aquí sin embargo, Zama entra lateralmente por una puerta invisible y su rostro no se ve claramente por su posición en tercer plano y en la sombra. La persona que anuncia el nombre se queda fuera de campo (ni siquiera nos podemos asegurar de que es un personaje de la diégesis) y tampoco anuncia al segundo personaje, el Oriental.

La solemnidad en el tono de la voz así como los atuendos ricos de las damas crean un fuerte contraste con la escena observada ya que no estamos en un interior lujoso con objetos brillantes sino en un cuarto sencillo con un decorado sobrio. En realidad, el espacio se configura con una fuerte dosis de erotismo: las tres damas[29] están medio acostadas sobre una gran alfombra, fumando y sonriendo mientras un esclavo medio desnudo agita un enorme flabelo por encima de sus cabezas. La escenificación dibuja un cuadro que recuerda los temas orientalistas, desprendiendo una voluptuosidad ligera, acompañada por la música extradiegética apacible y juguetona.

Pero esta voluptuosidad contrasta otra vez con la presencia de Zama en el espacio. Este entra con un paso inseguro y casi mudo, acompañado por el Oriental que se ve obligado a sentarse. Su estado enfermizo parece contaminar al protagonista, que se queda inmóvil, dando vueltas a su alrededor como despistado y buscando una salida. Lo vemos desorientado e inquieto, sus pasos son vacilantes y las palabras que pronuncia casi no se oyen. La presencia de una pulsión mortífera en el Oriental así como la indefinición de la conducta de Zama se superponen a la voluptuosidad y la solemnidad de la escena, creando una sensación extraña.

La utilización de elementos antitéticos que se superponen provoca así una sensación de extrañeza. Estamos a casi veinte minutos del principio de la película: ¿qué estamos mirando? ¿El retrato de un personaje histórico? ¿Un drama de amor y conflictos potentes? En realidad, la película nos invita a contemplar un espectáculo altamente teatralizado, provocando nuestra apreciación de lo correcto. Al mismo tiempo que se crea un distanciamiento importante (marcado por el encuadre doble que acabamos de destacar),

29 Una de ellas es interpretada por un actor identificado como varón, Alejando Ros, añadiendo un matiz suplementario de extrañeza.

la película estimula nuestros sentidos, la música apacible nos guía en la voluptuosidad de los movimientos y nos zambullimos involuntariamente en los pasos perdidos del protagonista.

Este entra en la habitación y se da la vuelta como si alguien lo estuviera persiguiendo. El desdoblamiento se prolonga algunos segundos después, en el mismo plano, con la entrada de otro personaje. Es su rival, don Ventura Prieto, quien camina confiado, intercambia en la antesala unas risas con las sirvientas antes de saludar a las damas como un verdadero galante. Camina en la misma línea que Zama, y él se siente empujado, obligado a reanudar su movimiento, como en una coreografía que lo manda fuera de campo. Simbólicamente, se prefigura el fracaso de la empresa de seducción de Zama y la victoria de su rival, Ventura Prieto (minuto 50'): este no solo ganará los favores de la dama sino también el traslado deseado por Zama, escapando al clima agobiante de la ciudad perdida en el Chaco.

Las extrañezas se acentúan en la segunda parte de la secuencia, agudizando la incomodidad sentida por el protagonista y, a través de él, por el público. Destaca una convivencia inhabitual de los espacios y otro desdoblamiento inquietante ya que funciona un cuadro-prostíbulo en la misma casa donde tiene lugar la recepción. El organizador de la fiesta, acoge así al protagonista de forma muy cordial, invitándolo a "servirse" entre las "mulatillas". Un hombre calvo pasa delante de Zama, se desnuda enteramente antes de entrar en otro cuarto mientras el ministro contador pinta la piel de un esclavo negro con motivos tribales, una escena desconcertante pero que muestra cómo los blancos

proyectan sus fantasías en el cuerpo de las poblaciones co-
lonizadas y esclavizadas.

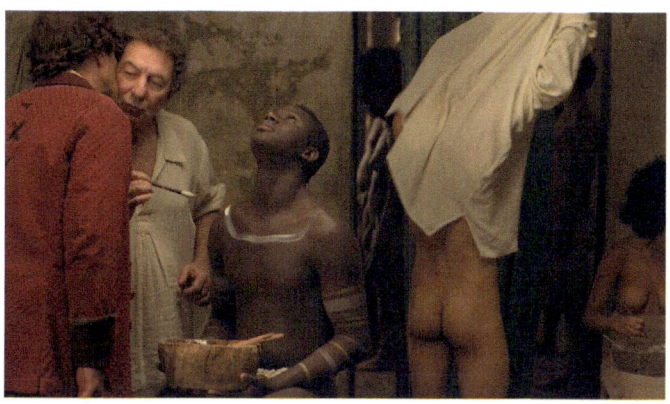

Sin embargo, la cámara no entra en el prostíbulo y en
vez de gemidos de placer se oyen gruñidos y ladridos de
perro al mismo tiempo que se observan hombres de pie, siluetas oscuras que se mueven de forma extraña como si se
pelearan. Un hombre desnudo aparece detrás de la cortina,
parece invitar al protagonista a entrar, pero él se niega, en
un plano con connotación homoerótica. No asistimos pues
a la apropiación de los cuerpos, no hay erotización y, en
cambio, se sugiere una sensación incómoda respecto al
espectáculo. Esta incomodidad se prolonga con la interferencia de voces y risas que parecen burlarse de Zama y con
la entrada en el campo de Ventura Prieto que menciona el
probable cólera del Oriental.

Zama se escapa del cuarto pasando por debajo de otra
ventana y, en el plano siguiente, lo encontramos en la caballeriza, observando un caballo. Una mano femenina se asoma

y empieza a acariciar el caballo canturreando. Enseguida descubrimos el cuerpo de una mujer, vestida de un suntuoso traje amarillo (la cabeza queda fuera de campo). El espectáculo de la mano que aparece desde fuera de campo es muy teatral, cargado a la vez de erotismo y de un humor pícaro.

Recordemos que la trama de la primera parte de la película gira alrededor de los intentos de seducción de Luciana por Zama. Estamos en el momento inicial de esta relación, y el protagonista intenta entablar el contacto con la hermosa dama blanca después de haberla espiado clandestinamente durante la escena del baño de arcilla (un observador atento puede deducir que Luciana estaba en el río por la instrucción que le dio a su esclava Malemba). Por segunda vez, Zama va a espiar a la mujer fantaseada cuyo semblante acaba por dibujarse en la pantalla, como en una repetición de la primera secuencia. Esta vez nadie lo perturba en su "contemplación" aunque al final de la secuencia sentirá amenazas y burlas.

Después de la escena en la caballeriza, Zama se sumerge en medio de una procesión. La cámara que lo sigue se mueve de izquierda a derecha siguiendo el paso de los hombres, provocando una sensación de inestabilidad, como si Zama estuviera tambaleándose (su mirada además expresa desconfianza y miedo). En ese momento, el Oriental se acerca desde fuera de campo para susurrarle al oído: "Alguien tuvo una ocurrencia que fue muy festejada. Dicen que Luciana tiene el cuerpo más hermoso que jamás Zama ha imaginado". La escena nos da la sensación de que enemigos invisibles acosan al protagonista después de haber descubierto su actitud indecente del principio de la película. Zama queda fuera del grupo y su conducta a partir de ahí se percibe como equivocada, obsesionada y paranoica.

Para terminar el análisis de esta secuencia emblemática, cabe destacar que los hombres blancos con poder ocupan el centro del escenario aunque también se detecta una energía diferente, la de Luciana, su complicidad con Malemba y su proximidad con elementos menos tóxicos, como el personaje de Ventura Prieto. El humor a la vez fino y socarrón nos invita a tomar distancia y a reírnos del desfase de los personajes masculinos. Destaca finalmente cierta ternura que se desprende a partir de la importancia de lo táctil y de los colores, de la belleza de los cuerpos desnudos en el campo o fuera de campo que ostentan una presencia fuerte opuesta a los diálogos fútiles e inadecuados de los hombres de poder.

Este tipo de oposiciones es una constante en la película. Cuando Zama se esconde para observar a Luciana en la caballeriza, nos acordamos de la escena inicial en la que se formaba un universo heterotópico prohibido de acceso a

los varones blancos. De hecho, una imagen similar destaca en la secuencia siguiente, que escenifica otra procesión
extraña en la casa que se supone es del médico Palos. La
cámara se coloca otra vez desde una posición que limita
nuestro campo de visión en un plano muy apretado, para
mostrarnos un extraño ritual, conducido por mujeres indígenas que fuman un extraño cigarro mientras el médico
Palos se desmaya. Aunque dentro del círculo, Zama aparece totalmente en desfase, y cuando le pregunta al niño
"¿Quién eres?" los participantes del ritual agitan los ramos
de hierbas sobre sus piernas (recordando la escoba de paja
que agitan los funcionarios antes de entrar en los edificios).

La secuencia de la fiesta marca además para el público
el primer verdadero encuentro entre Zama y doña Luciana.
La atracción de Zama por Luciana y el juego de seducción
vertebra varias secuencias centrales: la secuencia inicial;
la escena de la fiesta en la casa del Ministro Contador que
acabamos de analizar (16'58 a 21'22); el primer encuentro

con Luciana en su casa, acompañado por el Oriental (23'26 a 30'57); el segundo encuentro (41'00 a 44'43); el último encuentro, durante el que Zama descubre la relación entre el objeto de su deseo y Ventura Prieto, secuencia de cierre de la primera parte (48'28 a 50'43).

Durante la primera visita a la casa de la dama con el pretexto de realizar negocios con el Oriental. Este sale tosiendo del salón y Luciana le invita a Zama a sentarse al lado de ella. Se supone que empieza un juego de seducción entre los dos que abre algunas expectativas aunque todavía es demasiado pronto. Durante la segunda entrevista, las condiciones parecen más favorables a Zama ya que Luciana crea un espacio de intimidad, pidiéndoles a sus esclavos y criadas que salgan ("no necesito aire"). Cuando están solos, ella le pide un favor para que su esclava Malemba pueda emanciparse y casarse; él acepta y cree que ha venido el momento tan esperado del beso. Pero Luciana lo esquiva delicadamente y sale del campo, dejando sin embargo entrever la posibilidad en el futuro: "Mereces un beso". Aquí tenemos una diferencia con el libro ya que el protagonista, durante sus encuentros prohibidos con Luciana, consigue besarla en dos ocasiones:

Me recibió compradora, sin palabras, con un beso que no le pedí y que ella tenía servido en la boca como primera ofrenda. No pude hablar, no me dejó. Me llenaba la boca de dulces, de confituras y de besos. No sirvió el mate, seguramente porque es despacioso y propicio al diálogo (…) Recogida entre mis brazos, al fin, como reponiéndose del agotamiento de tanta pasión entregada a través de los labios, me los brindó de nuevo, llamándome "Esposo, esposo mío…"

(Di Benedetto: 2000; 82)

Estas escenas novelescas (filtradas por las fantasías del narrador autodiegético) no llegan a la cinta de Martel, probablemente porque daría una imagen demasiado lasciva de la mujer que excita al hombre sin satisfacerlo. En cambio, la cineasta desarrolla al personaje de Malemba cuyas apariciones en la novela son muy fugaces. Lo único que sabemos es que fue vendida como esclava, luego maltratada por sus amos hasta lograr escaparse:

> En su primera juventud tenía otro amo, un tabacalero. Por sustraerse de él, se lanzó al río para llegar al Chaco. Quería reunirse con los guaycurúes, no obstante saberlos salvajes. Pero la gente de su señor le dio caza y en castigo, a fin de que no pudiera fugarse nunca más, le abrió la planta de los pies y le untó los tajos con el zumo de una planta venenosa que le dejó una constante corrosión, impidiéndole caminar con normalidad (Di Benedetto: 2000; 77)

No hay otra información sobre el personaje de "la mestiza" en el libro de Di Benedetto, donde tampoco aparece el nombre de Malemba (en la película, es claramente mulata). Este personaje tiene un papel secundario bastante importante en la película, dejando aparecer unos diálogos de carácter marcadamente feminista. Luciana declara durante el segundo encuentro amoroso con Zama: "Ha comprado su libertad y ahora quiere perderla", una crítica de la institución del matrimonio a primera vista anacrónica pero que se puede rastrear en los escritos feministas del siglo XVIII y XIX.

Por lo demás, el segundo intento de seducción también fracasa y a partir de ese momento el protagonista se hunde en una espiral de infortunios. Se entrevista con el gobernador, quien le anuncia que su traslado fue rechazado. En cambio, el gobernador le anuncia de forma muy irónica que Ventura Prieto, a quien abofeteó por haberle cuestionado su trabajo, fue "exiliado" a la ciudad de Lerma, que es justamente el destino deseado por el protagonista.

Triste y desilusionado, Zama busca consuelo en los brazos de Luciana, intentando introducirse de noche en su casa. Malemba le abre la puerta y le permite llegar hasta la puerta de su ama. Por tercera vez, Zama se coloca en la posición de espía. Se esconde detrás de la puerta entornada para contemplar el espectáculo que tanto hubiera deseado: estar acostado con Luciana, desatando delicadamente los nudos de su vestido.

El encuadre es muy similar a las otras escenas en las que Zama está en actitud de espía. El mundo con el que sueña está aquí muy cerca, pero queda desesperadamente fuera de su alcance. Ventura Prieto es el que ocupa el papel anhelado por Zama: no solo consigue el traslado a la ciudad deseada sino que cancela la posibilidad del amor para el protagonista[30]. Termina pues por configurarse como rival y doble de Zama, de la misma manera que Vicuña Porto, el bandido legendario, se construirá en la tercera parte como espejo del protagonista.

La historia de amor sirve pues para caracterizar al personaje de Zama como paródico respecto al personaje típico de las novelas o películas históricas, definido como un héroe generoso, humilde, valiente y sincero. Zama quiere ser esta persona poderosa, conquistando fama y amor, pero en vez de eso salen a flote la soledad y el desamparo. Las escenas literarias y cinematográficas se fundan en la parodia del comportamiento de héroe, ocasionando un desfase entre características opuestas que coexisten en la misma escena.

Después del fracaso amoroso de Zama y la usurpación de sus deseos por Ventura Prieto, entramos en la segunda parte de la película. A partir de ese momento, el aspecto paródico se atenúa y se escenifica en cambio lo que podríamos llamar un descenso a los infiernos. Debido a la imposibilidad de conseguir el traslado deseado y la acumulación de situaciones desagradables o absurdas, Zama entra en un declive que acarrea graves consecuencias sobre su salud física y mental.

---

30 En la novela además se explicita que las dimensiones del amor y de la decisión política no se disocian. El rol de Luciana es preponderante: ella tiene a su familia en la Corte Real y tiene un poder de decisión sobre el traslado de sus pretendientes. Cabe destacar que, en la novela, Ventura Prieto ocupa un lugar menos importante y es exiliado justo después de la riña ("pasó de la prisión a la nave con custodia hasta el momento de soltar amarras"). En cambio, se construye una rivalidad con el secretario Bermúdez (personaje secundario en la película) a propósito de Rita, la hija del posadero.

La transición entre la primera parte y la segunda se expresa a través de una discreta elipsis que se traduce en lenguaje cinematográfico por la siguiente escena: en el minuto 50, Zama contempla el fluir del río (metáfora del fluir del tiempo), reiterando el principio de la película desde un espacio diferente, puesto que se encuentra en lo alto de los peñones.

Un velero está saliendo apaciblemente fuera de campo, hacia la izquierda de la pantalla, ya inalcanzable para el protagonista, anunciando de cierta forma la esperanza de una vida mejor que se difumina. Según el orden cronológico del libro, transcurren 3 años entre esta escena (1794) y la escena anterior en la que Zama se entrevista con el primer Gobernador (1791). La elipsis no se explicita en la película aunque destaca la desaparición de los personajes de la primera parte: Luciana, Malemba, Ventura Prieto, Bermúdez, el ministro contador, etc.

En cambio, cobra protagonismo el personaje nuevo de Manuel Fernández, presentado como ayudante y secretario de Zama, con quien entabla una tímida relación que incluye cierta confianza y amistad. La trama principal de la segunda parte se articula alrededor de esta relación de confianza que inevitablemente se verá traicionada. El gobernador le pide en efecto a Zama escribir un informe punitivo sobre Manuel Fernández, porque este utiliza el tiempo que debería dedicar al ejercicio de su oficio (escribiente de la Gobernación) para una actividad personal ilícita:

> ¿Por qué escribir un libro en la Casa del Gobierno mientras otros trabajan para la Gloria de su majestad? (…) Un libro se escribe a las espaldas de la Corona, que son sus espaldas también. Yo espero un informe lapidatorio, implacable, que termine para siempre con esas argucias y ahí me dispondré a redactar su pedido al rey, sin mencionar claro que se trata de un hijo bastardo [57'52 y 1h08:42]

Recordemos primero que la circulación de muchos escritos, en particular los de la Ilustración francesa, estaba totalmente prohibida en las Américas, ya que se promovían ideas liberales que cuestionaban la monarquía en un territorio donde el esplendor de la Corona brillaba poco y desde muy lejos. A pesar de la prohibición, los libros circulaban de forma clandestina; los criollos independentistas conocían muy bien los libros de los pensadores como Rousseau o Montesquieu.

El Gobernador sabe que Zama siente afecto por Fernández pero lo chantajea, pidiéndole que denuncie a su ayudante a cambio del anhelado traslado. La escena es altamente irónica e incluso grotesca ya que el Gobernador es autoritario y prepotente. Denuncia a Fernández por malgastar el dinero de la Corona, pero él mismo pasa su tiempo comiendo, bebiendo y jugando a los dados. Ninguna imagen lo muestra "al servicio de su Majestad", solo parece interesado por su bienestar personal, un retrato que se opone rotundamente a la idea de un "Buen Gobierno".

La colonia que administra aparece como medio abandonada: los animales entran dentro de las casas, las paredes se pudren, un ladrón le roba los pescados al criado del Gobernador sin que este reaccione, etc. Bajo el pretexto de "inventariar" los muebles de las casas, se confiscan las pertenencias de los habitantes. El espacio se parece más bien a un pueblo fantasma del *Far West* que a una ciudad capital de provincia del Imperio. Las únicas personas que trabajan son las mujeres indígenas y los esclavos que sirven a los amos, los demás juegan a los dados o esperan en la soledad de sus despachos.

Dentro de este espacio deteriorado, se escenifica el declive de Zama mediante dos procedimientos, la pérdida de su estatus social y la agravación de su condición física. El empobrecimiento extremo del protagonista es un aspecto desarrollado por Di Benedetto en la novela, que insiste en las deudas que se acumulan, la venta del caballo y de los muebles, la imposibilidad de pagar la comida, etc. En la novela, el barco que trae el sueldo se demora sin más explicaciones y solo llega una vez en 10 años. Zama se pone a esperar el barco y esta sensación de espera se superpone a la del traslado, acentuando la impresión de estar abandonado en el Chaco a la espera de una liberación. En la película, la decadencia de Zama se muestra sobre todo a través de la pérdida de las posesiones materiales y la obligación de mudarse a una casa insalubre fuera de la ciudad. El propio protagonista se resiste al principio a vivir allí, gritando: "¿Qué es esta pocilga?" y declarando "solo voy a estar unos días hasta encontrar una residencia digna".

Sin embargo, se queda atrapado dentro de este espacio, como si fuera víctima de una maldición. De hecho, la casa se configura desde el principio como un espacio fantasmático ya que los esclavos portadores le tienen miedo y se niegan a entrar y, de repente, una caja de madera empieza a moverse sola. La extrañez del universo acusmático de la película se acentúa dramáticamente: Zama oye continuamente sonidos de insectos y pájaros, risas que parecen burlarse de él, silbidos, graznidos, el croar de ranas, un concierto de ruidos inquietantes que se vuelve insoportable. La voz de una tal Zumala lo interpela desde fuera de campo, anunciándole que "el posadero está enfermo". No se ven los semblantes de los que "trabajan" en la posada por la extrema oscuridad en los cuartos, dándonos la sensación de que los habitantes son fantasmáticos. De hecho, cuando toca la campana para que le sirvan la comida, llega otra mujer que le anuncia que no hay Zumala, que Zumala está muerta.

La posada es como un purgatorio donde el protagonista expía los daños que causó. Así, una de las personas que vive en la casa es Emilia, una mujer indígena con quien Zama desahogó su deseo sexual, imponiéndole un hijo al que no puede mantener. En la novela, Emilia no es indígena ni mestiza sino una "española viuda y pobre", más joven que el protagonista, descrita como rústica, parlanchina y de fuerte carácter. Ella no siente ningún tipo de atracción sexual hacia Zama y lo rechaza continuamente ("se resistió y me insultaba en cada ocasión que yo volvía sobre mis propósitos"). Al final cae en el abuso ya que se ve obligada a acostarse con él por el dinero (no le queda ningún pariente y está al borde de la indigencia). Sin embargo, cuando nace la criatura, la condición económica de Zama ha empeorado y el resultado es catastrófico.

La cineasta no conserva casi nada de este personaje, tan solo el carácter fuerte de la mujer. La única escena en la que intercambian palabras es de un humor despiadado: con una actitud machista, Zama le ordena a Emilia que le traiga una camisa, pero ella se niega a jugar el papel de la esposa tradicional sumisa (una reacción que voluntariamente puede parecer algo anacrónica ya que no sabemos hasta qué punto este tipo de insubordinación era tolerado). Este elemento corresponde a una inversión de cierta estructuración masculinista de la novela.

Por ejemplo, las criadas de la posada siguen obedeciéndole a Zama (Tora, en particular) al revés de la película en la que Zama solo es ayudado por Fernández. Otro ejemplo es el contacto que establece Zama con una mujer soltera de cuarenta años que vive enfrente de la posada: intercambia mensajes con ella para seducirla, llegando a tener relaciones sexuales.

La descripción es violenta: "La tomé con vehemencia. (…) Después la eché al suelo, creo que con gusto." Di Benedetto no insiste en esta relación después de este acto y la justifica afirmando que Zama lo hizo por dinero: "–Preciso plata. Ella jadeó un momento más, respiró tomando aliento y me preguntó cuánto, con una sola palabra, cuánto, como no puesta entre signos de interrogación. –Cincuenta pesos (…) –Lo tendrás" (Di Benedetto: 2000; 160). En la película en cambio esta escena de violencia sexual no se adapta a la pantalla.

En las siguientes secuencias de la segunda parte, el protagonista cae luego gravemente enfermo, como si hubiera contraído el cólera padecido por El Oriental. Primero, lo vemos acostado, gimiendo y muy sudoroso. La mano de un personaje que permanece fuera de campo le acaricia el rostro de forma materna como si tuviera una pesadilla. En la secuencia siguiente de la posada (la última), Zama aparece aún más cansado y enfermo. Fernández ha venido a instalarse en la posada y le ayuda a vestirse, a comer y a beber. El protagonista está en un callejón sin salida, su única forma de escapar es redactar el informe pedido por el gobernador. La segunda parte termina con Zama pidiendo al gobernador el traslado de Fernández a otra ciudad, como un castigo. Este traslado le hubiera permitido salir del círculo infernal, llevando a su hijo pero de nuevo esta salida se configura como imposible. El secretario de Zama le sustituye a él, un elemento aclarado por la novela ya que Fernández entabla una relación amorosa con Emilia, es feliz, y actúa de padre para el hijo.

En cuanto a Zama, el Gobernador le anuncia que su pedido será trasmitido al rey pero que tendrá que esperar unos años más con un resultado improbable. Frente a este nuevo golpe del destino, el protagonista decidirá finalmente enrolarse en una expedición desesperada para capturar al bandido Vicuña Porto, abriendo la tercera parte de la película.

Adaptar la segunda parte de la novela de Di Benedetto fue probablemente un reto para Lucrecia Martel. En efecto, estamos entre el minuto 50 y el minuto 80 de la película, momento en el que el público espera habitualmente acontecimientos fuertes que ritman la progresión y determinan el desenlace. En la novela, se mencionan otras aventuras de Zama (el galanteo con la dama de la ventana, por ejemplo) y no se insiste tanto en su deterioro físico.

Sin embargo, la acción es escasa, Zama se vuelve extremadamente pasivo, tenemos que vivir lo absurdo y el descenso a los infiernos hasta el punto de inflexión final, el rechazo definitivo del traslado.

Además, la adaptación de la segunda parte resulta difícil porque la redacción de la novela de Fernández ocupa un lugar preeminente en el libro de Di Benedetto. La segunda parte de la novela se sustenta por la reflexión casi ensayística sobre lo que significa el acto de escribir, con la utilización de varias imágenes autorreferenciales. El personaje de Fernández es una proyección del autor dentro de su libro que le permite desarrollar ideas sobre la significación de la escritura, el papel del arte, cómo el arte se enfrenta al poder y a la censura, etc. Este proceso de autoidentificación con Fernández es fácil porque él está escribiendo un libro dentro de un libro. Adaptar esta imagen en el cine hubiera necesitado la utilización de un camarógrafo dentro de la película, algo demasiado anacrónico para el siglo XVIII (aunque hubiera podido ser pintor o utilizador de una cámara oscura).

Uno de los intereses de la novela, el más importante en la segunda parte, es casi imposible de transferir en el cine. Lo observamos por ejemplo cuando, en el marco de su investigación, Zama interroga a Fernández sobre el porqué de la escritura de una novela. Éste contesta de forma sorprendente:

Le pregunté [...] por qué escribía en la casa de la gobernación, es decir, donde su tiempo debía estar consagrado enteramente a los servicios del rey. Me respondió de manera ambigua.
—La disposición de escribir no es una semilla que germina en tiempo fijo. Es un animalito que está en su cueva y procrea cuando se le ocurre, porque su época es variable, pues unas veces es perro, otras hurón, unas veces es pantera y otras conejo. Puede hacerlo con hambre, o sin hambre, en ocasiones sólo si está muy reposado, en otras si le duele una herida del cazador o si regresa excitado de una jornada de fechorías (Di Benedetto: 2000; 113)

La respuesta de Fernández contrasta con los demás diálogos en discurso directo de la novela porque se elabora una respuesta compleja, a modo de una parábola o fábula con la evocación de los animales y la utilización de una dimensión alegórica. Esta respuesta teatralizada remite a las reivindicaciones literarias de un escritor del siglo XX, de alguna manera una proyección metanarrativa del propio escritor[31] y de sus ambiciones. A través del personaje de Fernández, se alude a la ambición artística del propio Di Benedetto, que pide libertad creativa escribiendo una novela muy original

31 Una metalepsis de autor, según los términos de Gérard Genette.

para su tiempo. Debe ser considerada como la manifestación de un rasgo importante en la novela y algo atenuado en la película: la reivindicación de la autonomía del campo artístico, reconociendo la necesidad de otorgarle libertad y espacio al arte y la inspiración de los creadores.

Por supuesto la reivindicación de libertad expresiva también se encuentra en los diferentes elementos que crean distanciación invitándonos a una reflexión metacinematográfica. En particular, la presencia saturada de los animales puede ser interpretada como una de las manifestaciones más importantes de esta energía indomable que rodea al acto de creación: un sinfín de sonidos animales invisibles, las llamas que se pasean en el despacho, los caballos que intercambian miradas con Zama, etc. Como dice Fernández, la inspiración "unas veces es perro, otras hurón, unas veces es pantera y otras conejo".

9. La expedición en la selva

Veamos ahora la tercera parte que empieza en el minuto 80 y corresponde pues a la expedición en la selva y al encuentro final con el legendario bandido.

El paso a la tercera parte de la película tampoco se explicita claramente, aunque es más fácil percibir la elipsis temporal. En efecto, al principio de la secuencia vemos al protagonista de espaldas, caminando penosamente en un sendero arenoso entre las rocas y enseguida lo vemos frente a la cámara, con una larga barba gris, presentándose al tercer gobernador. La película no menciona la duración de la elipsis, pero la novela indica que transcurrieron cinco años en total desde el inicio de la primera parte (1794-1799). El protagonista se queda sin explicaciones en una situación totalmente estancada y ni siquiera puede rebelarse contra algo que no se presenta nítidamente como castigo. Decide pues enrolarse en un grupo de veinte soldados con muy pocos medios, que se parece más a una misión suicida que a una verdadera expedición militar.

Esta tercera parte juega de forma intertextual con muchas narraciones que desde las primeras crónicas describen la entrada de un grupo de blancos en la selva en busca de un objeto o personaje misterioso. Por supuesto, pensamos en el mito de El Dorado y su deconstrucción a través de la búsqueda de "los cocos" por los bandoleros. Cabe así insertar Zama dentro de una tradición artística mas amplia que cuestiona las acciones de los europeos. Una de las películas más famosas es *Aguirre, la cólera de Dios* (Alemania, 1972) de Werner Herzog, un clásico que muestra la locura de los europeos que proyectan sus sueños y fantasías en la naturaleza y la inmensidad de un continente que no consiguen entender.

Por las referencias a esta tradición fílmica y por el encadenamiento ritmado de acciones reconocibles, la tercera parte presenta una narrativa de apropiación más fácil, después del largo descenso a los infernos. Hay movimientos, un objetivo claro (Vicuña Porto, el bandido evocado a lo largo de la película), el orden es lineal sin elipsis no explicitadas, después de un tiempo empieza a haber defecciones, el capitán cae enfermo, los indígenas les tienden una trampa, pierden la batalla y son apresados. La historia presenta además cierto suspense por no saberse dónde se esconde Vicuña Porto y juega con los códigos de un relato policial original ya que el criminal revela ser uno de los miembros de la tropa. Durante la noche, Vicuña Porto revela su verdadera identidad a Zama aunque demasiado tarde: los indígenas ya han advertido su presencia y el capitán Hipólito Parrilla ha sido inoculado por el veneno mortal de una araña.

Por supuesto, la película sigue siendo de tonalidad absurda e irónica. Los europeos se adentran en la selva, pero pronto descubrirán la insensatez de su expedición: buscan ciegamente en la inmensidad de la selva a alguien que está disfrazado de soldado. La omnipotencia de la naturaleza se pone de relieve por los sonidos que rodean sin cesar a los expedicionarios, la saturación de los colores, el contraste entre la pequeñez de los hombres y la altura de los árboles puesta de relieve por la profundidad de campo, como se puede ver en una de las imágenes más conocidas de la película:

Desde el principio, varios soldados deciden desertar llevándose probablemente una parte del dinero prometido. La expedición pasa por zonas pantanosas, los sonidos extraños no dejan de perseguirles y encuentran a varios cadáveres colgados en los árboles. Durante la noche, pasan quinientas sombras alrededor de ellos, una anciana mece a Zama en su hamaca y de repente se encuentra entre las frondosidades. Al cabo de unos días y de forma inexplicable solo quedan algunos soldados alrededor del capitán, los indígenas se llevaron los animales y probablemente los víveres, los criados que les seguían han desaparecido. En la novela, la esfumación del grupo no es tan sensible ya que hasta el final queda una buena cantidad de soldados alrededor del capitán[32]. Otra diferencia es que el insecto, el karachã[33], no pica al capitán sino a Zama.

Por lo demás, la secuencia de la "batalla" con los indígenas en un descampado se filma con un matiz cómico que deconstruye el afán de conquista y la postura militarista de los europeos. Los indígenas conocen perfectamente el territorio natural, no atacan para matar, tienden trampas astutas y rodean a los expedicionarios hasta apresarlos uno por uno. Desarrollaremos más adelante la interpretación que resulta de la tercera parte de la película, el significado de la fiesta-ritual al que son sometidos los soldados o el destino final del protagonista.

---

32 Al principio, el capitán con la ayuda de sus soldados consigue apresar a Vicuña Porto (que solo tiene dos cómplices). Pero durante su captividad, consigue convencer a los demás soldados de abandonar al capitán ("El capitán me dijo "también tú dijiste que sí", y pensé que los otros soldados, aquellos que no eran los tres, habían dicho que sí a algo").

33 El karachã o flebótomo es un insecto presente en la zona del Chaco, parecido al mosquito, cuyas picaduras provocan grandes úlceras y la enfermedad llamada leishmaniosis.

IV. EXTRAÑAMIENTO, DUALIDAD DEL PERSONAJE Y CRISIS EXISTENCIAL

10. Extrañamiento, deconstrucción e impulso utópico

Ya estudiamos cómo la película suscita interrogaciones "atemporales" relacionadas con las grandes problemáticas histórico-sociales de las sociedades americanas. Pudimos seguir en el capítulo precedente el desarrollo de la historia explicando algunos elementos precisos.

En el último capítulo, propondremos algunas interpretaciones generales sobre las cuestiones planteadas por la película. Primero analizaremos la gran variedad de elementos responsables del extrañamiento que invitan al cuestionamiento de los modelos heredados a partir de los cuales se desarrollaron las sociedades americanas. Nos enfocaremos luego en el personaje de *Zama* como un personaje dual: personifica la violencia y el autoritarismo de la clase pudiente al tiempo que abre una brecha de reflexión fenomenológica sobre el ser americano, a través de su crisis existencial y la imposibilidad de conseguir lo que desea. Examinaremos para terminar la etapa final a la que conduce el proceso existencialista: la posibilidad de reconciliación y apertura de una brecha utópica a través de la reflexión filosófica sobre el destino humano.

11. La invasión del protagonista por el mundo exterior y la visualización de "otra verdad histórica"

Antes de interesarnos en el proceso existencialista, analizaremos algunos aspectos cinematográficos que se superponen al cuestionamiento de los códigos de la película histórica reforzando la sensación de extrañamiento. Observaremos brevemente algunos recursos para ver cómo se sumerge el personaje en un mundo onírico a través de la invasión del mundo que lo asedia hasta hundirlo.

El trabajo sobre la acusmática que mencionamos en varias ocasiones merece ser subrayado aquí en su proceso global. En realidad, desde el principio al final de la película, se escuchan silbidos, cantos, susurros, sonidos estridentes, chirridos, respiraciones extrañas, etc. Un conjunto de sonidos en principio nimios y sin importancia invade el espacio y trasgrede las fronteras habituales de nuestra percepción.

La multiplicidad de "pequeños" sonidos se divide en dos categorías:

–sonidos que podemos reconocer en la diégesis: la escoba que los oficiales golpean en los pies para sacudir el polvo antes de entrar en la sala del tribunal, las campanas y timbres, así como la amplia gama de sonidos metálicos indefinidos.

–sonidos de personajes y elementos animados que no aparecen en campo pero que parecen pertenecer a la diégesis: risas, pasos, cantos de pájaro, insectos que estridulan y que se mezclan con incesantes murmullos y zumbidos que se escuchan desde una fuente indefinida. El montaje es altamente significativo ya que, a diferencia de una película estándar en la que se elimina este tipo de sonido para la comodidad acústica del espectador, su intensidad se conserva (o incluso se amplifica). De alguna manera, se enfatiza la importancia de los personajes marginalizados que interfieren en la conciencia del protagonista (hombre blanco y poderoso).

Este universo acústico particular se combina con el efecto de irrealidad producido por la saturación de los colores. Los planos se caracterizan además por una importante estaticidad (los actores permanecen inmóviles en numerosas ocasiones) como una composición que remite a cuadros o fotografías (regla de los tercios en estas imágenes, por ejemplo). La tierra se vuelve a la vez irreal pero también limpia, nueva y acogedora, atrayendo de forma irresistible a Zama.

Cabe destacar en este sentido el contraste entre la primera escena y la última. El protagonista primero aparece erguido, verticalmente opuesto al río que fluye en el plano horizontal. En cambio, en la última escena está acostado en la embarcación y lo percibimos a través de un plano cenital, subrayando que ya no está en una posición dominante.

Este juego corresponde a un trabajo minucioso sobre el cuadro y las perspectivas. Como en sus películas anteriores, el formato es estirado, como si nos invitara a salir de los límites, a multiplicar los niveles para atisbar nuevas perspectivas. Aparecen multitud de objetos y personas en segundo plano que contestan el protagonismo de Zama, cuya centralidad en la pantalla siempre se ve cuestionada. En su reseña "*Zama*: le mirage colonial de l'homme blanc", el crítico Mathieu Macheret lo interpreta de la manera siguiente:

Martel no deja de incluir en la imagen la presencia de nativos esclavizados, esclavos negros, portadores de sillas, prisioneros encadenados, criados vestidos con ropas occidentales, alrededor del héroe y sus compañeros. Las siluetas indígenas se afirman como objeto privilegiado de la puesta en escena: su presencia silenciosa, aquí y allá, desafía la centralidad de los personajes principales, los colonos, hasta el punto de alterar la arquitectura y el eje de los planos (Macheret: 2018)

El cuestionamiento del universo del varón blanco se hace a través de la presencia irreductible de los personajes en segundo término y el descentramiento que operan respecto al lugar que debería ocupar el protagonista. Macheret también alude a cómo los cortes y los encuadres inusuales como los que evocamos en el capítulo anterior alimentan la impresión de paranoia que invade al protagonista. Martel no enseña directamente en forma cruda la violencia del sistema colonial, evitando así un tipo de placer escopofílico. Al mismo tiempo, nos deja apreciar la fuerza de resistencia de las poblaciones marginalizadas que toman su revancha:

> –las personas de clase popular o esclavizadas con la figura del legendario Vicuña Porto que remite al poder de los candombles, de las comunidades de esclavos rebeldes o de las poblaciones que permanecen indómitas desde siglos.
> –las mujeres que no se quedan pasivas frente a la violencia del hombre blanco. Actúan, son poseedoras de sabidurías secretas como en la secuencia del ritual en la casa del médico Palos, marginalizado a un rincón del campo, que se desmaya mientras las mujeres indígenas organizan el rito de curación.

Este último elemento nos invita a considerar el cuestionamiento profundo de la matriz patriarcal en *Zama*. Es un rasgo que en la novela apenas aparece y en cambio se enfatiza en la adaptación de Martel. Según el crítico mexicano Naief Yehya:

> Zama, el primer protagonista masculino en un filme de esta realizadora, es una caricatura de la inseguridad y abuso del orden misógino, pero al cual Martel nunca le arrebata su

humanidad. [Esta] reflexión sobre el colonialismo, los mitos masculinos de poder y la brutal apropiación de la tierra y los cuerpos por una minoría, podría parecer un salto radical pero en esencia hay una continuidad lógica y estética en el proceso creativo de Martel (Yehya: 2018)

La película *Zama* muestra en efecto la vacuidad del poder y la imbricación entre orden colonial y orden patriarcal. Subrayando el paralelo con la película *Les confins du monde* de Guillaume Nicloux (presentada en Cannes en 2017, sobre la errancia de un joven soldado durante la guerra de Indochina) el crítico Corentin Lê explica que la película no enseña directamente la violencia del sistema sino que deja entrever la locura que devora al hombre blanco:

Toda la película parece contaminada por una locura que acecha fuera de campo. Nuestra frustración por no poder ver lo que allí sucede es un eco de la frustración de Zama, condenado a no poder escapar, a no ser respetado, a no poder satisfacer sus deseos masculinos. En sus aspiraciones virilistas y autoritarias, Zama, alegoría del hombre blanco dominador, fracasa sistemáticamente. Las apariciones, furtivas y en segundo plano, de quienes lo consiguen (matar, ganarse el respeto, fornicar) lo vuelven loco (Lê: 2018)

El poder del hombre blanco tropieza con la importancia cada vez más pesada de los cuerpos que percibimos primero fuera de campo pero que invaden progresivamente el espacio vital de Zama. La ubicación del protagonista, a primera instancia en el centro de la pantalla, se ve descentrada por el formato muy ancho de la película[34], la intrusión de sonidos acusmáticos, los constantes vaivenes en el campo, etc. Se aprecia así la fuerza de resistencia no solo de las mujeres sino de las demás poblaciones marginalizadas que toman su revancha. La figura del legendario bandido Vicuña Porto recuerda la resistencia de las comunidades de esclavos rebeldes o las poblaciones indígenas que permanecen indómitas desde la Conquista.

El "hombre blanco machote" no vive solo, montado a caballo en un pedestal que le otorga el pleno poder sino que el mundo de los pueblos originarios, el de las mujeres, el de las poblaciones explotadas, no deja de interferir situando al protagonista en un territorio de tensiones e incertidumbres. Como lo indica Giovanna Pollarolo, una de las grandes diferencias respecto a la novela es el esfuerzo constante para dar voz y presencia a los grupos marginalizados:

Martel visibiliza la presencia indígena en la ciudad y la dramatiza, apoyándose, claro, en un despliegue de imágenes que la novela no describe y haciendo a los indígenas hablar en su lengua, lo que no hace Di Benedetto. Esto ocurre no solo en la tercera parte, cuando Zama forma parte de la expedición en busca de Vicuña Prieto y el grupo se enfrenta a diferentes grupos de indígenas, sino en la ciudad, con los indios mansos. Allí donde Di Benedetto parece más interesado en narrar los tormentos y desesperación de Zama, Martel da protagonismo a los indígenas, destacando su dominio sobre los conquistadores, a quienes les confiscan sus vacas y caballos. A la

---

34 Como en sus películas anteriores, Martel utiliza un formato ancho, aunque esta vez no anamorfótico, poniendo de relieve la importancia de los elementos periféricos respecto a los objetos centrales.

cineasta le interesa destacar la verdad histórica: hubo zonas inaccesibles a los conquistadores, indígenas rebeldes que no se dejaron dominar (Pollarollo: 2019)

Pollarolo subraya un elemento importante que a primera vista puede parecer paradójico: aunque nos estamos alejando de la típica imagen que tenemos del pasado en las películas y aunque la película presenta ciertos aspectos muy oníricos, sentimos la extraña sensación de presenciar algunos aspectos de otra "verdad histórica". El descentramiento respecto a la perspectiva dominante nos hace percibir a las demás poblaciones que en general aparecen como meros figurantes sin voz o al revés eternamente dominados y míseros. Se trata aquí de un efecto virtuoso provocado por el proceso de extrañamiento que nos invita a construir una nueva perspectiva crítica y a abandonar nuestra butaca de espectador.

La crítica insiste pues en el dispositivo caleidoscópico fabricado por Martel para poner de relieve las relaciones de dominación, una gran diferencia a nivel de narración respecto a la novela. Un cambio fundamental que se acompaña por la construcción de una estética fundada en la multiplicidad de recursos visuales y acústicos y de los niveles de entendimiento. La película manifiesta cierto barroquismo que no encontramos en la escritura tensa y austera de Di Benedetto. Si bien la película nos adentra en la existencia kafkiana de su protagonista, si bien sentimos la ferocidad silenciosa e implacable del sistema, permanecemos dentro de un universo poético deslumbrante. La novela sigue los moldes de una narración desalentada típica de las novelas existencialistas con las que dialoga (*El extranjero, La náusea, El Túnel*) pero la película nos ofrece cuadros extraordinariamente poéticos y contemplativos en los que la naturaleza predomina (que no encontrábamos en el cine anterior de Martel).

En la película, se deconstruye pues la violencia del sistema impuesto por los varones blancos a los otros grupos de población, eludiendo tanto la generación de una mirada escopofílica que observa desde una posición condescendiente como la caída en una posición negativa y pesimista.

12. Zama doble

Después de haber analizado ciertas tensiones generales de la película, nos enfocaremos ahora en la configuración del personaje protagonista recordando primero las fuentes históricas de inspiración. Estudiaremos luego la doble tensión que lo caracteriza y que remite a dos interpretaciones del personaje ya evocadas. Por una parte, es el representante del poder y de las clases dominantes y otra se estructura como un personaje alegórico cuya espera y fracasos remiten a la frustración de los habitantes del continente.

Según Jimena Néspolo, especialista de la obra de Antonio Di Benedetto, las fuentes documentales que utilizó el autor para construir su personaje fueron reveladas durante una conferencia que dio en la ciudad de Córdoba el año 1961. El autor mendocino indica que su fuente principal fue un retrato biográfico hecho por un historiador cordobés, Efraín Bischoff, sobre la vida de un criollo del virreinato del Río de la Plata: *Doctor Miguel Gregorio de Zamalloa, primer rector revolucionario de la universidad de Córdoba*. Después

de subrayar el obvio parecido entre el nombre del protagonista (Zama) y el apellido cortado del personaje histórico
(Zamalloa), Néspolo comenta a propósito de este libro:

El libro de Bischoff, que Di Benedetto elogió en una reseña apa-
recida en el diario *Los Andes* en el mes de diciembre de 1952,
es la biografía de un personaje real que nace en Jujuy en 1753
(de padre español y madre criolla) y pasa en ese medio los años
de su niñez, para luego trasladarse a Córdoba [donde] alcanza
los títulos de licenciado y maestro en Artes (1772) y doctor en
Teología (1776). Posteriormente solicita el puesto de Corregidor
de Chichas, el cual ejerce, y es designado luego Justicia Mayor de
Tarija. Tras su casamiento en Jujuy, debe dejar a su mujer para
desempeñar su cargo durante el periodo particularmente violento y agitado que sucede a la rebelión de Tupac Amaru de 1780.
Con la abolición de los corregimientos y la reorganización de los
virreinatos, Zamalloa no obtiene un puesto ventajoso y es designado Teniente Asesor Ordinario de Paraguay, razón por la cual
va a residir a la ciudad de Asunción en 1785. Así, siendo funcionario directamente vinculado al gobernador Joaquín Alós –de
quien Bischoff afirma que fue un verdadero azote a la civilidad
asunceña– Zamalloa sufrió muchos apremios hasta incluso ser
acusado en 1789 de mantener relaciones ilícitas con una dama.
En 1796 –señala el biógrafo– Alós es reemplazado en el cargo por
Lázaro de Rivera, y tres años después Zamalloa es trasladado a
Montevideo para actuar también como asesor de gobierno, hasta
su jubilación, y luego como Asesor Honorario de la Audiencia de
Buenos Aires. Finalmente, poco antes de la Revolución de Mayo,
se traslada a Córdoba y en enero de 1811 es designado Rector de
la Universidad de Córdoba, función que habrá de desempeñar
hasta su muerte acaecida en agosto de 1819

Jimena Néspolo, *Ejercicios de pudor*, Buenos Aires, A. Hidalgo,
2004, p. 253.

La fuente más importante es una biografía basada en las investigaciones en archivos históricos realizadas por Efraín Bischoff sobre el personaje histórico Miguel Gregorio de Zamalloa. Se trata concretamente de un criollo, hombre de poder, que sin embargo perdió su estatus social, ilustrando de forma paradigmática lo que evocamos en el primer capítulo sobre los efectos perniciosos de las Reformas Borbónicas. Americano de nacimiento (criollo), llega a ejercer el puesto de Corregidor, reprime militarmente a los pueblos indígenas (rebelión de Túpac Amaru) y, en vez de conseguir poder y fama, es trasladado a Asunción, donde lo acusan de tener relaciones ilícitas con una dama. Hasta aquí el parecido es muy fuerte aunque la diferencia más importante es que Zamalloa consigue finalmente su traslado a Montevideo y llega a ocupar el puesto más importante de la universidad más reconocida del Sur del continente (Córdoba).

Zamalloa no espera de forma interminable el traslado que nunca llega aunque esta situación sí que afectó a otro personaje histórico, el ingeniero y cartógrafo Félix de Azara, un científico y viajero importante de la época que Bartolomé Mitre, presidente de Argentina, consideraba como el "Humboldt del Río de La Plata":

Geógrafo, naturalista, etnólogo e historiador del Río de la Plata: [Félix de Azara] es el Humboldt moderno de esta parte de América, que solo, sin estímulos, en medio de los desiertos, sin conocer más ciencias que las matemáticas y guiado por su genio observador, creó un sistema nuevo de clasificación zoológica, midió y describió gráficamente su territorio, estudió sus razas indígenas, revelando, por decirlo así, un mundo desconocido y siendo el precursor de los que después han continuado su tarea[35]

Comisionado a Asunción para cartografiar la frontera entre el imperio español y portugués en territorio actual del Paraguay, Félix de Azara se enfrentó a una serie de demoras y obstáculos administrativos que dificultaron su tarea. Se quedó durante más de 20 años para una misión que hubiera debido durar mucho menos, una situación de estancamiento que por supuesto evoca la del protagonista. En su introducción a la correspondencia de Féliz de Azara, el historiador Pedro de Angelis menciona estos obstáculos de la siguiente manera:

> No cesaron los comisarios portugueses de promover dudas y enredos, y lograron al fin el objeto que se habían propuesto, de dejar en suspenso la demarcación. Azara tuvo que luchar contra las mismas autoridades españolas, que, o no comprendieron, o tenían en menos sus representaciones. Esta indiferencia le pareció sospechosa, y acusó de cohecho al gobernador del Paraguay. Sus relaciones oficiales con este funcionario tomaron desde luego un carácter austero y hasta descomedido[36]

Esta espera por demoras burocráticas que lo mantuvo perdido durante 20 años en un lugar remoto del imperio es una fuente reconocible para la creación del universo

---

35 Ver: "Carta de Mitre a Barros Arana", Buenos Aires, 20 de octubre de 1875, citada por Julio César González en su introducción a la edición de la obra recopilatoria de Félix de Azara (1918).
36 Discurso sobre la correspondencia oficial de Azara (1886).

kafkiano de la ficción. Para Martel, "Félix de Azara [fue] el personaje en el que [se concentró] para encarnar a Zama" (entrevista con Sánchez: 2017). En el caso de la película, no solo se trata de la espera interminable sino también de la descripción minuciosa de la naturaleza que hizo Azara durante sus viajes naturalistas. Sus cuadernos de viajero en que consigna su descripción minuciosa de las poblaciones locales y su profunda admiración por las riquezas naturales descritas con emoción romántica pueden haber inspirado a Martel los grandes cuadros que homenajean a los extraordinarios paisajes del Chaco. Respecto a la austeridad de la novela, esta dimensión casi romántica permea en la película de Martel.

¿Cómo se trata este personaje histórico al adaptarse a la literatura y el cine? Si tomamos en cuenta lo que estudiamos en el segundo capítulo, cabe pensar en el desfase con los códigos de la película histórica y los rasgos típicos del tradicional protagonista. Zama no podría alejarse más de las figuras de un Ben Hur o un Leónidas en *Los 300*. Se trata sin ninguna duda de una parodia del héroe épico de las películas y, a través de esta parodia, el cuestionamiento de la figura de prócer de la Patria.

Para entender mejor esta parodia, estudiemos a continuación algunos elementos específicos que remiten sobre todo al principio de la película. Zama es un personaje desorientado que demuestra muy rápidamente una actitud sorprendente. A medida que la cámara se va acercando al protagonista, descubrimos a un rostro cansado por el tiempo, un traje desgastado que alude al declive psicológico y social del protagonista, proceso que se acentuará en el resto de la película hasta la caída final. He aquí una imagen del semblante inquieto pero todavía sano y la del final, en la que aparece totalmente deteriorado (aunque en una postura casi de quietud).

En la secuencia de apertura, cuando Zama empieza a caminar, amaga un movimiento espontáneo hacia el grupo de niños, pero luego da vuelta hacia atrás, mostrando duda y desorientación. Cuando se va de la playa, su comportamiento entra en total contraste con la dignidad asociada con un hombre de su rango: se esconde para mirar desde una posición comprometedora el espectáculo de las mujeres desnudas al lado del río. La manera de presentar esta escena revela el tratamiento particular del personaje y la deconstrucción de su papel dominante.

Pensemos ahora en la segunda escena de la película. Estamos en el momento justo antes de que Zama se instale para observar a las mujeres, él camina entre los peñones, escucha risas femeninas fuera de campo con intensidad aumentada, como si retumbaran en el fondo de su mente.

Don Diego de Zama hace varios vaivenes que contrastan con el sentido único del camino entre las rocas, resaltando su carácter indeciso antes de acostarse en un lugar desde donde puede observar a las mujeres. Las voces que llegan desde fuera de campo, combinadas con los sonidos parásitos, nos dan la impresión de que el protagonista se encuentra irremediablemente atraído hacia el espectáculo, no pudiendo contener su instinto. Como hechizado por voces que recuerdan paródicamente el canto de las sirenas, termina acercándose y nos damos cuenta de que lo hace para satisfacer su escopofilia. Entramos dentro de la visión de un hombre blanco que contempla un universo desconocido que desea subyugar aunque, en este caso, el objeto de su fetiche permanece indómito. El extrañamiento en esta escena de escopofilia (*voyeurisme*) consiste en presentar desde el principio de la película a un magistrado de la Corona, hombre de poder, en esta situación.

El último plano en el que aparece de pie termina en 2:51 y es cortado por la conversación de las mujeres. Zama quiere gozar del espectáculo de estas mujeres desnudas y penetrar en su espacio heterotópico de sororidad transnacional. En efecto, una mujer española aprende la lengua y las costumbres de los pueblos originarios, junto a una mujer afroamericana. Nos sumergimos en el universo exclusivamente femenino con un armonioso plano medio, el primero de la película que nos acerca a los personajes filmados. El personaje está casi involuntariamente absorbido por el espacio de sororidad pero sin posibilidad de entrar, una prohibición subrayada por el carácter apretado del plano (no cabe otro personaje).

Estamos en una toma subjetiva que sigue la mirada de Zama, pero el montaje entre los dos planos puede resultar molesto puesto que la distancia es demasiado corta para corresponder a su mirada. Una de las mujeres indígenas le está enseñando a otra mujer el significado en guaraní de algunas palabras: *ñandú* (araña) y *káva* (avispa). Todavía no podemos reconocer a la mujer blanca que aprende las palabras en guaraní pero adivinaremos más tarde que se trata de una mujer de la nobleza, deseada por Zama. La mención de la araña, que urde pacientemente su red, y de la avispa pueden funcionar como señales anunciadoras de los peligros que acechan al protagonista.

Mientras las mujeres están apaciblemente aplicándose arcilla en el cuerpo, pasamos a un plano que solo deja ver la parte superior del cuerpo de don Diego, acostado boca arriba en el pasto, en una actitud de contemplación.

El plano (que se termina por la exclamación "¡Mirón!" pronunciada por una de las mujeres) sugiere un gesto sexual por parte del funcionario puesto que no vemos la parte

134

inferior de su cuerpo, aunque también podemos imaginar que el hombre, extraviado en una soledad extrema, añora formar parte de esta sociabilidad sencilla y feliz de la que queda excluido. En el plano siguiente, vemos a Zama huyendo, perseguido por Malemba, alentada por su ama Luciana quien quiere conocer la identidad del agresor.

Y aunque al final abofetea violentamente a la mujer negra, ella consigue ver su semblante, lo cual tendrá consecuencias en el transcurso de la película. Veremos de nuevo a la mujer en el minuto 23, cuando Zama y el Oriental visitan a la señora Piñares de Luenga. Malemba (interpretada por la actriz brasileña Mariana Nunes) es la sirvienta personal de la señora Luciana, esposa del Ministro de la Real Hacienda. Es preciso destacar que el ministro permanece invisible a lo largo de la película, lo que confiere un estatus de poder a Luciana: esta no solo se negará a entablar una relación con don Diego sino que podemos imaginar que no apoyará su pedido de traslado. Como en el resto de la película, Zama nunca podrá desentrañar el misterio ni acceder al objeto de su búsqueda ya que las mujeres denuncian activamente su delito, insistiendo de forma indirecta en la necesidad de empoderamiento[37].

La violencia ejercida por Zama en esta primera secuencia se volverá más tarde en su contra. Primero porque Zama sale "victorioso" de la lucha con la mujer, pero se encuentra virtualmente privado de su dignidad desde el principio de la película al golpear violentamente a una persona sin armas y poder. Esta escena se interpreta pues a través de la desarticulación del acoso sexual ejercido por los hombres sobre las mujeres.

37 Según la RAE: calco del inglés *to empower*, que se emplea en textos de sociología política con el sentido de 'conceder poder [a un colectivo desfavorecido socioeconómicamente] para que, mediante su autogestión, mejore sus condiciones de vida'. Se utiliza en particular para describir las acciones de las mujeres, que se involucran activamente para tomar las riendas de su propio destino. Frente a la violencia de género, por ejemplo; es necesaria y legítima la reacción fuerte y sin concesiones.

Sin embargo, esta primera escena también pone de relieve el estado de desamparo extremo que empieza a apoderarse del protagonista y que lo llevará al descenso a los infiernos. Su soledad y angustia interior ya son visibles en la escena inicial, en la que está solo ante el río, contemplando con una mirada temblante la naturaleza, totalmente desprovisto frente a la inmensidad.

En realidad, y este punto merece especial atención, si el personaje de Zama puede representar por algunos aspectos el caudillo brutal, también lo podemos interpretar como el ser americano ante una sociedad arcaica e inmóvil y una naturaleza inmensa. El plano de apertura con Zama contemplando los inmensos espacios de la naturaleza americana se acerca a la descripción de aquellas "soledades que traen a la memoria" de Domingo Sarmiento "las pampas y las llanuras que median entre el Tigris y el Éufrates". La mención de estos ríos bíblicos nos invita a equiparar el paisaje que contempla Zama con una maravilla divina, al igual que los primeros conquistadores pensaban haber encontrado los ríos que llevaban al Edén. Pero estos espacios permanecen fuera del alcance del protagonista. La situación de estancamiento que vive se ilustra muy bien en la metáfora del río como límite infranqueable que corta su paso hacia delante. De la misma manera, sus vaivenes, su indecisión y su mirada extraviada ponen de realce una situación sin salida.

Don Diego de Zama es un personaje polisémico: leemos a través de él una crítica de los abusos del poder por sus actos condenables, pero también se configura como Meursault, el protagonista de *El extranjero* de Camus o Juan Pablo Castel en *El Túnel* de Ernesto Sábato. En ambos casos, son personajes negativos, alegorías de una civilización europea materialista, agotada y sin posibilidad de producir nuevos modelos de sociedad. Pero también podemos considerar, como lo hace el escritor Juan José Saer para la novela *Zama,* que "la agonía oscura de Zama es solidaria de la del continente en el que esa agonía tiene lugar" (Saer: 2014; 50). Un proceso ya presente en la novela de Benedetto y puesto de realce por Saer para quien la novela *Zama* representa en forma oblicua "la condición profunda de América, la agonía de un continente que desde siempre ha frustrado las ilusiones de quienes lo habitan" (*idem*).

Saer vivió, como su amigo Di Benedetto, la amargura y la desilusión del exilio. La situación desesperada experimentada por el protagonista puede ser considerada como una metáfora del estado de injusticia y desilusión vivido por tantos habitantes del continente, sometidos a la violencia de Estado, incorporados a pesar de su voluntad en un mundo globalizado que destruye sus anhelos políticos, sociales y ecológicos.

Desde la primera secuencia de la película, descubrimos a un protagonista atípico que se aleja radicalmente de las representaciones habituales de las películas históricas. Se deconstruye a través de un comportamiento que se opone a lo que solemos proyectar en un héroe típico, representante del "espíritu civilizador" y se pone de relieve el fracaso del modelo que las élites nacionales quisieron imponer en el continente. Al mismo tiempo, el profundo estado de desamparo interno que caracteriza los actos de Zama se acerca a un proceso existencialista de cuestionamiento de la sociedad.

Nos invita desde el principio a considerar un segundo nivel de interpretación, resaltando el carácter profundamente polisémico de la obra audiovisual de Lucrecia Martel. Destaca en la película un proceso similar al de las mejores novelas relacionadas con el existencialismo: el protagonista se distancia progresivamente de las cosas que lo rodean, envuelto en un proceso de extrañamiento de la realidad. Para terminar, analizaremos las características de este proceso insistiendo en la doble tensión que genera. En la filosofía existencialista, la experiencia primero produce un sentimiento de desesperación y malestar físico (Sartre, *l'Être et le Néant*, "el infierno son los demás" o *La náusea*). Pero en una segunda etapa, el individuo tiene la posibilidad de reconciliarse con su libertad fundamental, se enfrenta a la posibilidad de construir un proyecto que tenga sentido a nivel personal y social (en el *Mitsein* heideggeriano).

13. Libertad y ética existencialista en Zama

La índole del proceso de cuestionamiento existencial vivido por Zama es a primera vista profundamente pesimista ya que la angustia se apodera de él hasta reducirlo a un estado próximo de la nada. Sin embargo, cabe destacar que la suspensión de la conciencia habitual conlleva una dimensión emancipadora a la luz de una filosofía existencialista: un camino hacia la liberación respecto a los conceptos mentales que habitualmente limitan nuestra percepción de las cosas. La búsqueda del bandido legendario y de los cocos alude metafóricamente a una búsqueda de la libertad. A nivel de la filosofía existencialista, el hecho de que Vicuña Porto es uno de nosotros puede ser interpretado como el hecho de que la libertad se encuentra en cada uno de nosotros. El propio Di Benedetto nos invita a interpretar la búsqueda desde esta clave:

> Podría olvidarme de Vicuña y verlo soldado, Gaspar Toledo. Él, sin esfuerzo, se parecía extraordinariamente a como pudo ser un Gaspar Toledo cualquiera, soldado de Indias. Entonces, pensando que él se hallaba entre nosotros y nosotros padecíamos necesidades, fatigas, tropiezos y muertes por encontrarlo, se me ocurrió que era como buscar la libertad, que no está *allá*, sino en cada *cual*. (Di Benedetto: 2000; 192).

En este apartado clave de la novela (el escritor subraya en cursivas las palabras para señalar el hito interpretativo), se aprecia el cambio operado por la filosofía existencialista respecto a la filosofía idealista. La libertad no está situada en otra esfera, se conceptualiza a partir de una "transcendecia horizontal" (Heidegger) que está en la base del *proyecto* existencial. Martel no opta por desarrollar esta vía de interpretación, aunque sí insiste en el proceso de extrañamiento, el descenso a los infiernos (la náusea existencial) que permite encontrarte con el ser profundo. De hecho, durante el rodaje de *Zama*, la cineasta señaló a un periodista lo que más le inspiró en la novela de Di Benedetto:

> De todas las líneas del plano de la novela tomé el entorno de la pérdida de identidad y la libertad que te da. Por ahí es eso, ese aspecto que me pareció muy moderno (entrevista con Scholz: 2015)

140

La crisis del individuo, el enfrentamiento con la nada conlleva una dimensión emancipadora por "la libertad que te da". Este proceso podría pasar desapercibido, pero Martel nos lo señala mediante guiños metacinematográficos. El público informado suele reconocer estos guiños en las secuencias que abren las películas, verdaderos umbrales entre el mundo ficcional y nuestro mundo.

Evocamos más arriba la primera escena y más precisamente el movimiento que Zama esboza para acercarse al grupo de niños que juega en segundo plano: se adentra en la profundidad de la imagen, antes de finalmente cambiar de opinión y retroceder. Se trata aquí de un pormenor que anuncia la secuencia final ya que el protagonista, al final de un largo recorrido, alcanza una epifanía, puede ver la cara del niño y oírlo hablar (lo que nunca consigue a lo largo de la película). Este breve encuentro viene cargado de significación ya que apunta a la transformación del personaje, un proceso poco perceptible a primera vista pero que corresponde al final optimista planteado por Martel para su película. La cineasta describe de la siguiente manera las etapas del proceso existencial que acabamos de evocar:

Al principio, Zama desprecia el presente, ya no se conecta con él. Está suspendido en una espera que depende de una administración arbitraria. Luego se enfrenta a lo absurdo del presente. Lo absurdo es aceptar que las cosas y el tiempo no tienen sentido, es por tanto liberarse de la espera. ¡Por eso considero el final de *Zama* como una liberación, algo alegre, mientras que aquellos que creen en el sistema en el que vivimos lo encontrarán deprimente! (entrevista en *Libération*: 2018; yo traduzco)

141

Martel considera que el final de su película es de tonalidad alegre y emancipadora. Para entenderlo, analizaremos desde la filosofía existencialista el recorrido vital de Zama hasta la epifanía. Recordemos ante todo un dato importante en la biografía del protagonista, dato destacado otra vez gracias a otro guiño metacinematográfico, puesto que se trata del primer momento en que se rompe completamente la ilusión realista. Estamos en el minuto 12', justo después de la llegada del Oriental, acompañado de su niño enfermo, sentado en una silla que un esclavo lleva a espaldas. El esclavo camina justo delante de Zama, cargando al niño y ambos avanzan en el mismo sentido, creando un efecto de encuadre particular: el cuerpo y la cabeza del niño están en la misma dirección pero mira en el sentido opuesto, creando un efecto de bilateralidad. Volcado hacia atrás, sentado en el cuerpo de alguien que camina hacia delante, recuerda la figura del dios Jano que mira simultáneamente el pasado y el porvenir.

Martel es una gran conocedora de la literatura de su país: desde Jorge Luis Borges a Angélica Gorodischer pasando por Julio Cortázar o Silvina Ocampo, los ejemplos de aparición del dios Jano en la literatura argentina son numerosos. Su aparición fantasmática a través de la figura del niño fantasmático marca el primer momento de ruptura de la ilusión realista. Se oyen por primera vez interferencias extrañas desde fuera de campo y se crea la sensación de que el tiempo se detiene, haciéndonos entrar en una visión mística vivida por el protagonista. De repente la espada de Zama, símbolo de su poder, se encuentra mágicamente en las manos del niño y se escuchan las siguientes palabras del niño que habla como una figura divina, sin abrir la boca:

Él doctor Don Diego de Zama. El enérgico, el ejecutivo, el pacificador de indios. El que hizo justicia sin emplear la espada; No el Zama de las funciones sin sorpresas ni riesgos. [Zama], corregidor espíritu justiciero. un hombre de derecho, un juez, un hombre sin miedo [12'14 a 13'04]

Para entender mejor este fragmento, he aquí el texto de la novela que corresponde a esta escena y que añade varios detalles esclarecedores sobre el ascenso social de Zama, quien llegó a estar cubierto de gloria antes de entrar en desgracia:

Zama, el que dominó la rebelión indígena sin gasto de sangre española, ganó honores del monarca y respeto de los vencidos. No era ése el Zama de las funciones sin sorpresas ni riesgos. Zama el corregidor desconocía con presunción al Zama asesor letrado, (…) Zama asesor debía reconocerse un Zama condicionado y sin oportunidades.

A esta altura del duelo, Zama el menguado podía sospechar que Zama el bravío quizá no tuvo tanto de aguerrido y temible: un corregidor de espíritu justiciero puede seducir fácilmente la voluntad de esclavos estragados por meses de represión más que violenta, cruel (Di Benedetto: 2000; 20)

La figura de Zama remite de forma indirecta a los primeros Conquistadores, pero también a los administradores del Imperio que sofocaron las rebeliones indígenas a finales del siglo XVIII (mencionamos en el primer capítulo las rebeliones de los comuneros de 1780 en la región vecina de Bolivia, en las que participaron un número importante de indígenas). Pero lo más importante aquí es considerar la decadencia entre "Zama el bravío" ("el corregidor") y "Zama el menguado". En efecto, Zama llegó hasta el escalón más alto del poder, pero nos podemos preguntar: ¿cuál es el sentido final de sus actos y qué recibe a cambio? ¿Qué consiguió "Zama el bravío" más que aplicar su poder opresivo a los demás grupos de población? ¿Cómo en cambio se puede llegar a una existencia positivamente realizada?

Para contestar estas preguntas, nos basaremos en las reflexiones filosóficas desarrolladas por Simone de Beauvoir en el ensayo *Pyrhus et Cinéas*, publicado con éxito en 1944, unos meses después de la Liberación de París, traducido al español por el título *¿Para qué la acción?*[38]. La reflexión

---

38 De forma paralela a nuestro estudio, la investigación llevada a cabo por Kelly Fuery nos proporciona algunas claves de entendimiento suplementarias respecto a la repercusión del existencialismo beauvoiriano en la obra de Marte (*cf.*, Fuery: 2022). Para analizar Zama, Fuery se basa sobre todo en la crítica del hombre serio contenido en la *Ética de la ambigüedad* de Simone de Beauvoir, aportando un análisis complementario al nuestro.

de Beauvoir toma como punto de partida un diálogo que supuestamente tuvo lugar entre el rey Pirro y su consejero Cineas, a principios del siglo III A.C., algunas décadas después de las conquistas de Alejandro Magno. Cuando el rey de Epiro (zona del noroeste de Grecia) toma la decisión de emprender una campaña militar contra los territorios controlados por Roma, su prudente amigo Cineas le hace las siguientes preguntas:

> Cineas: Si conquistas Roma, ¿qué será lo siguiente que harás?
> Pirro: Sicilia será la siguiente y será fácil tomarla.
> C: Y después de Sicilia, ¿qué harás?
> P: Entonces pasaremos a África y saquearemos Cartago.
> C: Y después de Cartago, ¿qué harás?
> P: Le llegará su turno a Grecia.
> C: ¿Y cuál será, si me permites preguntarlo, el fruto de todas estas conquistas?
> P: Después de ellas podremos sentarnos y divertirnos.
> C: ¿Acaso no podríamos sentarnos y divertirnos desde ahora? (Beauvoir: 1972; 9)

La anécdota, inicialmente relatada por Plutarco en las *Vidas paralelas* (tomo III), se enfoca en el motivo profundo del acto bélico y cuestiona los beneficios en caso de victoria (la expresión "victoria pírrica" corresponde a las guerras del rey Pirro que, a pesar de ser victoriosas, fragilizaron su situación). Retomando el diálogo de Pirro y Cineas a partir de una filosofía existencialista, Simone de Beauvoir lo considera como una parábola que cuestiona el sentido final de las acciones humanas:

Si Pirro pudiera extender los límites de sus conquistas más allá de la tierra, más allá de las estrellas y de las más lejanas nebulosas, hasta un infinito que sin cesar huyera ante sí, su empresa seria insensata, su esfuerzo se dispersaría sin jamás recogerse en ningún fin. A la luz de la reflexión, todo proyecto humano parece, por lo tanto, absurdo, pues no existe sino asignándose límites (Beauvoir: 1972; 10)

Beauvoir refuta radicalmente el sentido de los proyectos humanos cuyo objetivo es el poder y el saqueo, sometiendo a los enemigos y conquistando otros pueblos (no olvidemos que el ensayo se escribe en plena segunda guerra mundial). Pero el carácter absurdo de la búsqueda de Pirro también se entiende a la luz de "la muerte de Dios" en el siglo XX: si no existe una entidad superior, ¿cómo podemos medir el peso de nuestras acciones y cómo podemos otorgarle un sentido a nuestra vida? La respuesta se encuentra en el marco que Beauvoir construye para el proyecto existencialista, fijando los límites de nuestra acción en la propia humanidad: "¿Dónde encontraremos la verdad del hombre, si no en él mismo?" La filósofa argentina María Luisa Femenías explica a propósito:

Contrariamente a lo sugerido por Pirro, el fin del hombre no es el descanso, donde sólo caeríamos en el aburrimiento de la vida, sino que [consiste en] "volverse hacia los hombres" [y] "encontrar en la propia humanidad ese fin absoluto que, en primer término, el hombre había buscado en el cielo" (...) Dado que los seres humanos estamos vinculados los unos a los otros de modo fundamental e interdependiente, todo proyecto es ante todo un "proyecto con los otros". Es decir,

146

como destino nos rige la dependencia y la responsabilidad moral mutuas en aras de la libertad de todos los hombres (Femenías: 2019)[39]

La pérdida de sentido experimentada por la ausencia de la divinidad, la desestabilización provocada por la irrupción de lo absurdo y la violencia sistemática solo pueden ser compensados por una acción volcada hacia los demás, un "proyecto" que tome en cuenta y actúe en sintonía con "los otros". Esta reflexión se aplica perfectamente a las últimas secuencias de la película y más particularmente a la transformación que experimenta durante la expedición en la selva. Esta transformación se subraya metacinematográficamente en la secuencia en que los indígenas, en vez de matar al protagonista, lo obligan a pasar por una especie de ritual místico y catártico. A partir de este momento, destaca un cambio vital en la actitud del protagonista que parece haber alcanzado un nuevo estado de conocimiento, lo cual se refleja en su apariencia física: está pintado de rojo a causa de los pigmentos utilizados por los indígenas, un color que remite al traje carmesí de los primeros planos.

Dotado de un saber que todavía no maneja del todo, Zama intenta comunicar con los demás hasta que, después

---

39 Se cita la página 47 del ensayo de Beauvoir (1952). Merece mencionar que el artículo de Femenías recuerda las disensiones entre Sartre y Beauvoir pasadas por alto por la crítica filosófica que solo vio en Beauvoir "la compañera sentimental de Sartre, [una] mera seguidora fiel de las enseñanzas de su compañero-maestro y supuestamente una sombra de su filosofía. Los/as lectores de la época no supieron reconocer la originalidad de su obra, que desbordó la dependencia y la subsidiariedad de sus colegas varones" (Femenías: 2019).

de la muerte del capitán Parrilla y de un extraño intercambio visual con la mirada del caballo negro filmado en primer plano, el protagonista alcanza la epifanía.

En los minutos finales de la película, los hombres que rodean al protagonista lo acosan con una pregunta insistente: "¿Dónde están los cocos, llenos de piedras preciosas?". Él contesta:

–Esas piedras no valen nada. [Les digo la verdad]
–¡Miente!
–No valen nada. No valen nada…
–¡Está mintiendo!
–No valen nada. No valen nada…
–¡Muerte a Zama!
–¡Sal!
–Hago por ustedes lo que nadie hizo por mí. Digo no a sus esperanzas…
–¡Muerte a Zama! ¡Traidor!
[1h45'45 a 1h46'34]

148

Como advierte Beauvoir, los demás no entienden a Zama: "El sabio no puede hablar sino a hombres que han llegado a un grado de conocimiento igual al suyo" (Beauvoir: 1972; 119). Haciendo esta advertencia final llena de honestidad, el protagonista sabe que está sellando su condena de muerte. Sin embargo y de forma sorprendente, Vicuña Porto, que comparte con él cierto grado de sabiduría (es el segundo personaje pintado de rojo), le otorga la posibilidad de vivir, hundiendo sus muñones en la arena[40].

40 Encontramos un relato similar en la novela, aunque más centrado en una revelación respecto a las "falsas esperanzas" que desde un prisma posmoderno reflejarían el fracaso de los grandes relatos: "Yo podía desencantarlos, diciéndoles que no darían sino con espatos y minerales transparentes, exentos en absoluto de valor, como lo supieron otros aventureros y sacrificados en tiempo tan lejano como un siglo antes. Podía borrar, del cielo que perseguían, aquel relámpago de pedrería. (…) Dije, pues, cómo los cocos representaban la ilusión. No me opusieron incredulidad ni desconfianza. Supe que había dicho sí a mis verdugos. Pero hice por ellos lo que nadie quiso hacer por mí: decir, a sus esperanzas, no." (Di Benedetto: 2000; 197-198).

En la escena siguiente, descubrimos a Zama al final de su recorrido, en su lecho de muerte que todavía no llega, listo para expiar como Edipo en Colono después de arrancarse los ojos. El barco no es el de Caronte sino de una familia indígena y Zama se deja apaciblemente llevar por el río que ya no es el que baja del infierno o del paraíso sino el que desemboca en una luz de esperanza, en una tímida posibilidad de reconciliación: el protagonista, con las manos cortadas, con sus muñones vendados, ya no podrá dañar el mundo. El niño indígena que lo mira desde un ángulo cenital en el penúltimo plano, muestra el camino sinuoso, lleno de meandros que lo devuelve al grupo social. La música de los Indios Tabajaras es apacible, ya no se escuchan sonidos acusmáticos de parásitos sino el chapoteo del agua y los cantos de una multitud de pájaros.

14. Conclusión

Gracias a una obra polifacética que explota una multitud de procedimientos, Martel consigue deconstruir la violencia del sistema impuesto por los hombres blancos europeos a los otros grupos de población. La película es una creación colectiva y plural que nos trasporta a un universo poético deslumbrante a la vez que nos adentra en la existencia kafkiana del protagonista, aplastado por el peso de lo absurdo y la ferocidad silenciosa del sistema. La constante interferencia de elementos periféricos, la tensión continua que emerge en la película, así como la secuencia final nos demuestran la capacidad de resistencia de los márgenes y nos invitan a considerar nuestra libertad fundamental.

Al tratarse de la adaptación de una novela inspirada en la literatura de lo absurdo, la filosofía existencialista y en particular el ensayo *¿Para qué la acción?* de Beauvoir (que analiza las obras señeras de Kafka y Camus) nos otorga claves para interpretar el *Zama* de Martel. Cuando la sociedad y los individuos se retraen cada vez más sobre sí mismos, cuando triunfan el relativismo y lo instantáneo, el pensamiento existencialista cobra una nueva legitimidad, mostrándonos el camino hacia otros mundos posibles, contrarrestando con fuerza el nihilismo de los discursos dominantes.

Al explotar plenamente la multiplicidad de recursos sensitivos del cine, Martel supera el riesgo de negatividad extrema (muy presente en las escrituras de lo absurdo) al mismo tiempo que recupera su fuerza emancipadora. Insertándose en una larga genealogía de obras que practican el extrañamiento, la película de Martel invita al público a cuestionar radicalmente la avidez del ser humano, poniendo de relieve la trágica vacuidad de la sociedad colonialista y patriarcal. Opone al discurso monológico del poder la presencia corpórea de una multitud de cuerpos y voces plenamente inscritos en el lenguaje de la película; nos invita a volcarnos hacia la vida que brota por los márgenes y a contemplar la naturaleza que resiste a las necropolíticas capitalistas.

En estos últimos años, Martel continuó su labor de cineasta en esta dirección: *Chocobar*, 2020, trata del asesinato de un activista indígena, siguiendo el camino de apoyo y solidaridad respecto a los pueblos originarios. Su última obra, *Terminal Norte*, 2021, es un documental sobre música hecha por mujeres: música clásica o electrónica, tango, música rap, cumbia y zambas del Norte argentino se juntan en un lugar escondido del campo argentino para poner de relieve la sororidad entre las artistas. Esperamos con ansias su próxima película de ficción o, mejor dicho, de "ciencia ficción antropológica", para sumergirnos de nuevo en una maravillosa aventura cinematográfica que, estética y filosóficamente, apela a todos nuestros sentidos.

ANEXOS

"Decir que Martel tomó el desafío de enfrentarse a una novela "infilmable" es casi una obviedad y, en cierto sentido, una afirmación excesiva: uno de los aspectos que más sorprende de su película *Zama* es la fidelidad que guarda con la obra de Antonio Di Benedetto, lo cual echa un poco por tierra aquello de empresa quimérica. Lo esencial de la novela está allí: los episodios fundamentales, la atmósfera de sufrida espera, la decadencia del protagonista que avanza hacia su propia desintegración. Sin embargo, este apego no supone, en ningún momento, el abandono de la mirada profundamente personal y original de Martel, que dedicó cinco años a su manufactura: mucho tiempo desde el punto de vista de la (re)producción exprés a la que nos tiene acostumbrados la industria cinematográfica comercial; duración prudente si pensamos en el proceso de elaboración de un film difícil que tuvo que ir madurando si pretendía tornarse experiencia sensorial para sus destinatarios. Y lo logró. Desde la primera escena, el filme entrega al espectador a una aventura visual y sonora que, por momentos, alcanza tintes de fábula casi demencial y alucinatoria."

SOFÍA CRIACH, revista *Trifulca*

153

"Hurgando en el pasado colonial de un espectral paraje americano, Martel narra el desgaste y la asfixiante ruina de Diego de Zama, un funcionario de la corona española que espera con urgencia una carta con la autorización para un traslado. La película, una adaptación de la novela homónima del argentino Antonio di Bendetto, circula por ese espacio de espera transitado por negros e indios, mulatos y españoles "en un amontonamiento indefinido que parece una proyección de su conciencia torturada". Con un avasallamiento sonoro, texturado de colores y personajes casi espectrales, Zama se alza como una impugnación frenética de los imaginarios coloniales, una negociación narrativa de la historia y la identidad latinoamericana, enraizada en los huecos que quedan de sus mismos relatos oficiales"

FELIPE SÁNCHEZ VILLARREAL, *Vice*

"En un mundo colonial en descomposición donde los años de la Guerra acechan, un alto funcionario (…) se aburre profundamente, como los internautas contemporáneos frente a sus pantallas, a la espera de algo que trascienda su vida cotidiana. Al sumergirse en una historia adaptada de la novela de Antonio Di Benedetto, Lucrecia Martel continúa presentando a personajes que viven con comodidad pero en un mundo decadente. La historia de Zama es atemporal porque cuestiona el malestar contemporáneo en la esfera sociológica de lo virtual. Como si Internet fuera el equivalente, para quienes se benefician de él: nuevas tierras por conquistar sin complejos para conquistadores ávidos de emociones fuertes. Esta película es, por tanto, una película anti-aventura que condena perspicazmente el espíritu colonialista de todas las épocas yendo a contracorriente del

154

género cinematográfico. La cineasta firma aquí una antiépi-
ca, una creación política sobre una determinada América
pero que sigue vigente. ¿Qué libertad para un funcionario
colonialista responsable de la vida y muerte de los indios
esclavizados? ¿Una rebelión como la de los privilegiados
que participaron en las luchas por la Independencia unos
años después? Este retrato histórico de una liberación que
no se produjo también se refleja en el personaje de Zama
(…) Lucrecia Martel vuelve a afirmar su tono singular y una
total independencia artística que sólo le pertenece a ella".

Cédric Lépine, festival Cinelatino,
"El drama existencial del internauta colonialista",
Mediapart, 8 de enero de 2019

"Al adaptar la novela de Antonio de Benedetto, un
Conrad argentino que habría cambiado el romanticismo
por la prosa de Joyce, Martel se aventura en una historia
construida sobre su propia negación (en los años 1980, uno
de los cineastas argentinos más malditos, Nicolás Sarquís,
tuvo que abandonar el rodaje de su propia *Zama*, sin poder completarlo nunca). *Zama* es una de esas películas que
sólo triunfan si se desmenuza todo lo que hay en ella, y la
cuestión es ver qué escena reaparece a continuación. La
perdición escenificada por Martel tiene más que ver con
la de *La muerte de Luis XIV* de Albert Serra (2016), y su
perpetuamente moribundo Jean-Pierre Léaud, con quien
Zama comparte una suerte de abandono. De la figura oficial, en cada una de las dos películas sólo quedan cuerpos
bloqueados, borborigmos, mutilaciones, adornos devora-
dos por la realidad".

Gaspard Nectoux, *revue études*, julio de 2018

Como en *La mujer sin cabeza*, más que en sus películas anteriores, Lucrecia Martel en *Zama* se sumerge en lo
sensorial y lo metafísico antes que en la narración convencional. No es *Zama* una película de estructura lineal ni
ortodoxa. Es una invitación a los sentidos, una película que
inunda, desborda en más de una acepción. La directora de
La ciénaga no traslada la novela homónima de Antonio Di
Benedetto, ni la adapta, sino que la (re)interpreta a su gusto
(…)

¿Es Martel nihilista en *Zama*? Sí, en el sentido de la
ausencia de algo permanente. Zama le pregunta a varios
personajes por quiénes son, cuando en verdad debería de-
mandarse ese interrogante a sí mismo. Es un tipo del que
muchos se ríen, por más que estén muy por debajo en la
escala del poder, y que está, más que perdido, abrumado.

Algunos hablarán de ambigüedad, pero Martel no es
una cineasta que confunda ni que dude. Si bien deja que el
espectador deconstruya, analice el contenido y lo complete,
ella es en todo momento quien conduce. Orienta, en última
instancia, no manipula.

Cinematográficamente, Martel utiliza todos los elementos que obtiene del set. La profundidad de campo del lente,
el espacio off, tanto sea sonoro o de la imagen, lo que se escucha y no se sabe de dónde proviene, como lo que no se ve,
pero se siente que está presente. Martel obliga al espectador
a estar con todos los sentidos atentos. Digamos que intima,
ofrece, pero no impone.

Pablo O. Scholz, "*Zama*: Sí, es cautivante", *Clarín*,
28 de septiembre de 2017

He visto *Zama* tres veces ya y puedo dar fe de que se vuelve más rica, extraña y profundamente conmovedora después de cada visualización. Sorprendentemente, la estructura narrativa sigue siendo casi tan oblicua y misteriosa la tercera vez: nunca se puede saber o recordar exactamente qué sucede a continuación. Martel, que nunca ha sido muy partidaria de las explicaciones que consisten en unir los puntos, le da a esta fragmentación un extraordinario sentido de propósito. La vida, tal como ella la percibe y como la experimenta la mayoría, no se mueve de acuerdo con una simple cadena de causa y efecto.

[En sus tres películas anteriores] Martel utilizó sus notables poderes formales para jugar con la percepción, ya sea simulando el estado de conmoción cerebral de una ama de casa en *La mujer sin cabeza* (2008) o sumergiéndonos en la confusión religiosa de una adolescente en *La niña santa* (2004). Detrás de esas historias bullía un sentido instintivo de rabia de clase, vía de acercamiento natural para las injusticias más remotas de *Zama*.

La primera mitad se desarrolla como una comedia beckettiana sobre el limbo burocrático. Zama, que luce sudoroso e incómodo con su ropa no muy elegante y una peluca poco aconsejable, le ruega repetidamente al gobernador local (Daniel Veronese) que escriba una carta al rey para su traslado. Escucha casos ocasionales y emite veredictos arbitrarios, la mayoría de ellos en línea con las órdenes oficiales. Pero en general, se limita a esperar y esperar, y cada escena agrava la indignidad de su existencia (…) El colonialismo es una plaga moral, pero también es un asunto feo, desordenado y caótico. Martel no solo hace pasar a Zama por una serie de humillaciones; socava su estatura en cada toma, a menudo ubicándolo a un lado o en el fondo, como para sugerir que es una presencia marginal en su propia historia. Está desplazado del cuadro por los esclavos, que están presentes en casi todas las escenas interiores, y por los animales que deambulan libremente, ninguno más que una llama que agrega un insulto hilarante a su herida. (…) Esa locura alcanza una apoteosis surrealista en los pasajes finales de la película, en los que Zama, desplazado y cada vez más desesperado, es enviado a una peligrosa misión para capturar a un presunto enemigo del imperio. Martel nunca ha sido una amante de la belleza pictórica simple, pero aquí su imaginería cincelada y exigente se vuelve arrebatadora casi a pesar de sí misma. Yuxtaponiendo tonos de verde pictórico y rojo diabólico, lleva a "Zama" a un final lírico y aterrador digno de Werner Herzog o Joseph Conrad. El gran sueño de la conquista humana termina, como debe ser, con un descenso de pesadilla hacia la locura".

Justin Chang, *Los Angeles Times*, 26 de abril de 2018

Coproducción oficial: Argentina/España/Brasil (con apoyo de Francia/Estados Unidos/Holanda); Rei Cine/ INCAA/El Deseo/Bananeira Filmes/Louverture Films/Canana Films/KNM/ Netherland Filmfund

Dirección: Lucrecia Martel

Guion: Lucrecia Martel, adaptado de la novela homónima de Antonio Di Benedetto

Dirección de producción: Javier Leoz

Director de fotografía: Rui Poças

Directora artística: Renata Pinheiro (Ambientación: María Onís)

Música: Los Indios Tabajaras (interpretación) / Bernardo Oliveira/Gustavo Montenegro

Sonido: Guido Berenblum

Mezcla de sonido: Emmanuel Croset

Edición: Miguel Schverdfinger, Karen Harley

Director de vestuario: Rui Poças

Maquillaje: Marisa Amenta, Alberto Moccia

Reparto
Daniel Giménez Cacho: Zama
Lola Dueñas: doña Luciana
Juan Minujin: Ventura Prieto
Matheus Nachtergale: Vicuña Porto
Rafael Spregelburd: capitán Parrilla

Filmografía de Lucrecia Martel

Cortometrajes
Rey muerto (1995)
*La ciudad que huye (*2006)
Nueva Argirópolis / Pescados (2010)
Muta (2011)

Largometarjes
La ciénaga (2001)
La niña santa (2004)
*La mujer sin cabeza (*2008*)*
Zama (2017)

Documentales
Silvina Ocampo: las dependencias (1995)
Leguas (corto, 2015)
Julieta laso: fantasmas (corto, 2018)
Chocobar (2020)
Terminal Norte (2021)
Camarera de piso (corto, 2022)

Proyectos artísticos
Dirección del espectáculo Cornucopia (concierto de Björk en la sala The Shed, New York, 2019)
The passage, obra inmersiva presentada en el EYE Filmmuseum (Amsterdam, 2021)

BIBLIOGRAFÍA

DI BENEDETTO Antonio, *Zama*, Buenos Aires, Ed. Adriana Hidalgo, 2000 (1956).
ALMADA Selva, *El mono en el remolino. Notas del rodaje de Zama de Lucrecia Martel*, Buenos Aires, Penguin Random House, 2017.

OBRAS
CHRISTOFOLETTI BARRENHA Natalia, *La experiencia del cine de Lucrecia Martel: residuos del tiempo y sonidos a orillas de la pileta*, Buenos Aires, Prometeo Libros, 2020.
GEMÜNDEN Gerd, *Lucrecia Martel: A poetics of the senses*, Urbana, University of Illinois Press, 2019.
PANOZZO, Marcelo (ed.), *La propia voz: El cine sonoro de Lucrecia Martel*, Buenos Aires/Gijón, publicación del Festival Internacional de Gijón, 2008.
TELLO Carlos, *Zama*, Paris, Atlande, 2023.

ARTÍCULOS
BARDAUIL, Pablo, « *Zama* de Lucrecia Martel: reflexiones en torno del tiempo », *Montajes: Revista de Análisis Cinematográfico*, n°7, Juillet 2018, p. 25-40.
CARAVAGLIA, Juan Carlos, *Mercado interno y economía colonial: tres siglos de la yerba mate*, Mexico, Grijalbo, 1983.
CLAESSON, Christian, « La distancia existencial en Zama », *Moderna Språk*, 2008, p. 67-77.
DIELEKE, Edgardo, FERNÁNDEZ BRAVO, Álvaro « Zama: heterocronía, voyeurismo y mundos posibles », *La Fuga*, n°21, 2021.
EMILIO, Bernini, « El hundimiento », *Kilómetro 111*, 13 de octubre de 2017.

161

FRANÇOIS Cécile, « El cine de Lucrecia Martel. Una estética de la opacidad », *Espéculo : Revista de Estudios Literarios*, nº 43, 2009.

FUERY, Kelli, "A Cinema of the Borderlands: Lucrecia Martel's *Zama*", in *From Simone de Beauvoir to Feminist Film-Phenomenology*, Edinburgh, Edinburgh University Press, 2022, p. 183-214.

IBAZETA Maria Celina, "El pasado como máscara: una comparación entre *Zama* de Antonio Di Benedetto y *Zama* de Lucrecia Martel", *Rizoma*, vol. 7, 2019.

KASMI, Shems, "*Zama* y su contexto histórico. El Paraguay de finales del siglo XVIII: aislamiento, mestizajes y amenazas fronterizas", in *Représentations et satires de la société dans le monde hispanique. Los sueños de Francisco de Quevedo*; *Zama de Lucrecia Martel,* Paris, Ellipses, 2022, p. 65-95.

MORAÑA Ana, « Memoria e impunidad a través del imaginario cinematográfico: *La mujer sin cabeza* (Lucrecia Martel, 2008) y *El secreto de sus ojos* (Juan José Campanella, 2009) », *Revista de crítica literaria latinoamericana*, 2011, p. 377-400.

MOREL Geneviève, « Du trauma à la catastrophe dans le cinéma de Lucrecia Martel », *Savoirs et clinique*, n° 17, no 1, 2 Décembre 2014, p 52-60.

MULLALY Laurence, "Silvina en el espejo de Lucrecia: Ocampo-Martel, regards croisés entre cinéma et littérature", *Les Ateliers du SAL*, n°5, 2006. En línea: http://www.crimic.paris-sorbonne.fr/actes/tl2/mullaly.pdf "Silvina Ocampo y Lucrecia Martel: dependencias y promesas. La literatura iberoamericana entre dos orillas", XL *Congreso del IILI* (Instituto internacional de literatura iberoamericana), 2016, México, México. En línea: https://hal.archives-ouvertes.fr/hal-02916301

POLLAROLLO Giovanna, "La cuestión criolla en *Zama* de Antonio Di Benedetto (1956) y *Zama*, el filme de Lucrecia Martel (2016)", *Hipógrifo*, vol. 7, n°2, 2019.

SMITH Julian, "Transnational Co-productions and Female Filmmakers: The Cases of Lucrecia Martel and Isabel Coixet", *in* Parvati, Nair, Gutiérrez-Albilla, Julián Daniel (eds.), *Hispanic and Lusophone Women Filmmakers: Theory, Practice and Difference*, Manchester, Manchester University Press, 2013, p. 12-24.

VÁZQUEZ Karina Elizabeth, « La poética del enrarecimiento en *La mujer sin cabeza* (2008) de Lucrecia Martel », *Hispanic research journal*, vol. 16, n° 1, 2015, p. 31-48.

VERARDI Malena, « *La mujer sin cabeza*: la construcción de la percepción », *Imagofagia*, n° 4, 2015.

VIEIRA Jr, Erly, "Uma outra escuta: os usos da acusmatica nos filmes de Lucrecia Martel", *Cinémas d'Amérique latine*, n°22, 2014.

YANNOPOULOS, Alexis, « Extrañamiento y límites de la acción humana en *Zama* de Lucrecia Martel », *Amerika*, n°23, 2021.

Entrevistas con Lucrecia Martel y reseñas críticas

CRIACH Sofía, "El cine como artificio", revista *Trifulca*, octubre de 2013. https://revistatrifulca.wordpress.com/2017/10/03/el-cine-como-artificio-una-resena-de-zama-de-lucrecia-martel-sofia-criach/

BLANES PICÓ Víctor, " A los que esperan", Revista *El Antepenúltimo Mohicano/L'Alternativa* de Barcelona, enero de 2018: https://www.elantepenultimomohicano.com/2018/01/critica-zama.html

El litoral, "la película Zama se presentó ayer por primera vez, en la ciudad donde fue filmada", *El litoral*, 9 de abril de 2018.

LÊ Corentin, « Zama : la colonie pénitentiaire », *Critikat*, octubre de 2018 : https://www.critikat.com/actualite-cine/critique/zama

MACHERET Mathieu, « *Zama* : le mirage colonial de l'homme blanc », *Le Monde*, 10 juillet 2018.

POCAS Rui, entrevista con Raúl Liébana para la Cátedra de Fotografía Cinematográfica y TV de la Universidad Nacional de Córdoba: https://blogs.ffyh.unc.edu.ar/fotografiacinematografica/2018/09/18/rui-pocas-director-de-fotografia-de-zama/

YEHYA, Naief "*Zama*, de Lucrecia Martel", Literal, 2018: https://literalmagazine.com/zama-de-lucrecia-martel/

Conférence de presse à l'occasion de la présentation du film à Cannes : https://www.festival-cannes.com/fr/72-editions/retrospective/2008/actualites/articles/conference-de-presse-la-mujer-sin-cabeza-de-lucrecia-martel

« La mala memoria », entrevista con Mariana Enríquez, *Página/12*, 17 de agosto de 2008: https://www.pagina12.com.ar/diario/suplementos/radar/9-4766-2008-08-17.html

« Lo que yo hago es todo mentira, es todo artefacto", entrevista con Iván Pinto Veas, *La Fuga*, n°17, 2015, https://lafuga.cl/lucrecia-martel/735

"Quedé atrapada en su mundo", entrevista con Pablo Scholz, *Clarín*, 23 de junio de 2015.

Entretien con Silvina López Medin pour le Museum of Modern Arts de New York, https://post.moma.org/hacer-dudar-de-la-supuesta-naturaleza-de-las-cosas-entrevista-a-lucrecia-martel/

Entrevista con Matilde Sánchez, "Zama, una película como reescritura virtuosa", *Clarín, Revista Ñ*, 15 de septiembre de 2017.

« Il n'y a pas de différence entre un film historique et un film de science-fiction », *Libération*, 07 de octubre de 2018.

Entrevista con Thomas Sotinel, "Lucrecia Martel transporte la science-fiction au XVIIIe siècle", *Le Monde*, 18 de julio de 2018. https://www.lemonde.fr/cinema/article/2018/07/10/lucrecia-martel-transporte-la-science-fiction-au-xviiie-siecle_5328809_3476.html

"Una película de 1790 llamada *Zama*", entrevista con Roger Koza, disponible en la página *Con los ojos abiertos*: https://www.conlosojosabiertos.com/una-pelicula-1790-llamada-zama-dialogo-lucrecia-martel/

« Lo que sé de cine lo aprendí del cine de terror », *La Vanguardia*, 2 de marzo de 2019

Dossier de prensa

Trigon-Films: https://www.trigon-film.org/de/movies/Zama/

Entrevistas filmadas

-En el marco de los 21e Encuentros Cinelatino (2009) :
https://www.canal-u.tv/video/universite_toulouse_ii_le_mirail/entretien_avec_lucrecia_martel_rencontres_2009.4500

- Encuentro en la filmoteca de Cataluña (2020): https://www.youtube.com/watch?v=pcDhjbtG-yg

- En la universidad de La Plata :
https://www.youtube.com/watch?v=W0SwmOMj2tw&

- Masterclass en el festival de Rotterdam :
https://www.youtube.com/watch?v=Z_zdESWSTxw

- Conversación para el Canal Encuentro (2009):
https://www.youtube.com/watch?v=MKmw9qZykzM

Sobre cine argentino y latinoamericano

AMATRIAIN Ignacio, *Una década de nuevo cine argentino, 1995-2005: industria, crítica, formación, estéticas*, Buenos Aires, Ediciones CICCUS, 2009.

ANDERMANN Jens, *New Argentine Cinema*, London, Tauris, 2014.

ANDRÉ María Claudia et RANGIL Viviana, *El cine argentino de hoy: entre el arte y la política*, Editorial Biblos, 2007.

COPERTARI Gabriela, *Desintegración y justicia en el cine argentino contemporáneo*, Woodbridge; Rochester, Tamesis, 2009.

DUFAYS Sophie, *Infancia y melancolía en el cine argentino de La ciénaga a la rabia*, Buenos Aires, Biblos, 2016.

GARCÍA TSAO, Leonardo, "Cabeza de Vaca", in Varios autores, *Historias en común: 40 años / 50 películas de cine iberoamericano*, Madrid, Ministerio de Cultura, 2008, p. 36-39.

MIQUEL, Ángel, *Cabeza de vaca*, Valencia, Contrabando, 2024.

MRAZ Jhon, *Memorias del subdesarrollo*, Valencia, Contrabando, 2022.

NAITO LÓPEZ Mario (ed.), *A cuarenta años de Por un cine imperfecto de Julio García-Espinosa*, La Habana, Ed. ICAIC, 2009.

RUIZ Héctor, *Roma*, Valencia, Ed. Contrabando, 2022.

PAGE Joanna, *Crisis and capitalism in contemporary Argentine cinema*, Durham, Duke University Press, 2009.

PEÑA Jaime et DIGITALIA Inc, *Historias extraordinarias nuevo cine argentino, 1999-2008*, Madrid, Las Palmas de Gran Canaria, T & B Editores, 2009.

SORIANO Michèle, *La rabia*, Valencia, Ed. Contrabando, 2024.

Filosofía, teoría fílmica y estudios de género

BEAUVOIR Simone de, *Para qué la acción?*, Buenos Aires, La Pléyade, 1972 (1944).

BEAUVOIR Simone de, *Para una moral de la ambigüedad*, Buenos Aires, La Pléyade, 1972 (1947).

BOURDIEU Pierre, *La domination masculine*, Paris, Seuil, 1998.

CHION, Michel, *Le son, traité d'acoulogie*, Paris, Nathan-Université, 2005.

COLLAIZI, Giulia, *Feminismo y teoría fílmica*, Valencia, Episteme, 1995.

COLLAIZI, Giulia, *La pasión del significante. Teoría de género y cultura visual*, Madrid, Biblioteca Nueva, 2007.

FEMENÍAS María Luisa, *Sobre sujeto y género. (Re) Lecturas feministas de Beauvoir a Butler*, Rosario, Prohistoria ediciones, 2012.

"Filosofía de la ambigüedad o el ambiguo lugar de las mujeres", *Cadernos Pagu*, n°56, 2019.

FUERY, Kelly, *From Simone de Beauvoir to Feminist Film-Phenomenology*, Edinburgh, Edinburgh University Press, 2022.

HOLLINGER, Karen, *Feminist Film Studies*, Nueva York, Routledge, 2012

MOI Toril, *Teoría literaria feminista*, Madrid, Cátedra, 1988.

STAM, Robert, *Teorías del cine: una introducción*, Barcelona, Paidós, 2001.

SUÁREZ TOMÉ Danila, *Beauvoir, filósofa de la libertad*, Montevideo, Galerna, 2022.

Sociocrítica

CROS Edmond, *Literatura, ideología y sociedad*, Madrid, Gredos, 1986.

Ideosemas y morfogénesis del texto, Franfkurt, Vervuert, 1992.

La sociocritique, Paris, L'Harmattan, 2001.

CHICHARRO Antonio, « La revista *Sociocriticism* y la teoría sociocrítica de Edmond Cros », *Sociocriticism*, vol. 34, 2019. En línea: https://interfas.univ-tlse2.fr/sociocriticism/272

Revistas del Centro de Estudios y de Investigaciones Sociocríticas

Imprévue: https://www.imprevue.net/

Sociocriticism: https://interfas.univ-tlse2.fr/sociocriticism

Co-textes (1981-1999)

ALAZRAKI, Jaime y ROAS David (eds.), *Teorías de lo fantástico*, Madrid, Arco/Libros, 2001.

ARANA Nelly Cattarossi, Antonio Di Benedetto: « casi » memorias...: testimonios de vida, bibliografías, notas gráficas, Ediciones Culturales de Mendoza, 1991.

ARCE Rafael, *La visitación: ensayo sobre la narrativa de Antonio Di Benedetto*, Buenos Aires, La Cebra, 2020.

CASTEX Pierre Georges, *Le conte fantastique en France*, Paris, José Corti, 1951.

COETZEE J. M., « A Great Writer We Should Know », *The New York Review of Books*, 10 de enero de 2017.

CORRO Gaspar Pío del, *Zama: zona de contacto*, Córdoba, Ediciones Argos, 1992.

ESPEJO CALA Carmen, *Víctimas de la espera: la narrativa de Antonio Di Benedetto*, Tesis doctoral, Vicerrectorado de Huelva, 1993.

EZQUERRO Milagros (ed.), *Aspects du récit fantastique rioplatense: Silvina Ocampo*, Julio Cortázar, Paris/Montréal, L'Harmattan, 1997.

GORODISCHER Angélica, "Carta de Angélica Gorodischer a Marcial Souto, director de la revista Minotauro", *in* Augusto URIBE (ed.), *Latinoamérica fantástica*, Barcelona, Ultramar, 1985, p. 188192.

LORENZ Günter, *Diálogo con Latinoamerica Panorama de una literatura del futuro*, Santiago de Chile/ Barcelona, Pomaire Ediciones universitarias de Valparaiso, 1972.

MALVA E. Filer, *La novela y el diálogo de los textos. Zama de Antonio di Benedetto*, México DF, Oasis, 1982.

MONTE Sonnia de, *Tras la sombra de Antonio Di Benedetto*, Ediciones Culturales de Mendoza, 2016.

NÉSPOLO Jimena, *Ejercicios de pudor. Sujeto y escritura en la narrativa de Antonio Di Benedetto*, Buenos Aires, A. Hidalgo, 2004.

NÉSPOLO Jimena, SARQUÍS Nicolás, "La película que no fue", *El hijo de la fábula*, 2017, p. 199-206.

NÉSPOLO Jimena (ed.), « Dossier. Antonio Di Benedetto », *Revista Zama*, n°1.

ORSSAUD Geneviève, « Échos de la quête de l'identité argentine au XXe siècle dans un récit fictionnel de la colonisation : *Zama* d'Antonio Di Benedetto », TRANS-, *Revue de littérature générale et comparée*, n°5, 31 Janvier 2008.

RICCI Graciela, *Los circuitos interiores: Zama, en la obra de Antonio Di Benedetto*, Fernando García Cambeiro, 2000.

SAER Juan José, « *Zama;* Antonio Di Benedetto », in *El concepto de ficción*, Buenos Aires, Seix Barral, 2004, p. 44-53.

SPANG Kurt, "Apuntes para una definición de la novela histórica", *in* Kurt Spang, Ignacio Arellano, Carlos Mata (eds.), *La novela histórica: teoría y comentarios*, Pamplona, Eunsa, 1995, p. 63-125.

Historia

AZARA Félix de, *Descripción e historia del Paraguay y del Río de la Plata*, Buenos Aires, Bajel, 1918 (1847). Disponible en <cervantesvirtual.com>

Correspondencia oficial e inédita sobre la demarcación de los límites entre el Paraguay y el Brasil por Félix de Azara, primer comisario de la tercera división, Buenos Aires, Impresa del Estado, 1886. Disponible en <cervantesvirtual.com>

BARROS Sebastián, "Violencia de Estado e identidades políticas. Argentina durante el Proceso de Reorganización Militar (1976-1983)", *Amnis*, n°3, 2003.

BISCHOF Efrain U., *Doctor Miguel Gregorio de Zamalloa. Primer Rector Revolucionario de la Universidad*. 1753-1819, Córdoba, Instituto de Estudios Americanistas, 1952.

CARDOZO Efraím, *Breve historia del Paraguay*, Asunción, El Lector, 1991.

GRUZINSKI, Serge, La pensée métisse, Paris, Pluriel, 1999.

LOBOS Héctor Ramón, « Vicisitudes del último corregidor de Tarija: apuntes para el estudio de los funcionarios indianos de fines del siglo XVIII y principios del XIX », *Anuario de Historia de América Latina*, nº 22, 1985, p. 227-284.

SARMIENTO, Domingo Faustino, *Facundo o Civilización y barbarie*, Buenos Aires, Biblioteca del Congreso de la Nación, 2018.

SVAMPA, Maritella, *El dilema argentino: civilizacíon o barbarie*, Buenos Aires, Taurus, 2004.

TORRE Juan Carlos, *Manual de Historia argentina*, Buenos Aires, Sudamericana, 2002

VILLAMAYOR Ricardo CABRERA, Mario, *Manuel Belgrano: líder, ideólogo y combatiente de la revolución*, Buenos Aires, Fabro, 2012.

VIVES AZANCOT Pedro Antonio, *El confín norteño del río de La Plata: Asunción en el último cuarto del siglo XVII*, Universidad Complutense de Madrid, 1980.

RECONOCIMIENTOS

Quería agradecer a Héctor Ruiz por sus siempre atentas y generosas relecturas, su paciencia y sus numerosas y pertinentes sugestiones. Tanto su pasión como la de Manuel Turégano son fuentes de inspiración que nos protegen del desamparo en tiempos existencialmente complejos.

A mis amigos y a todo el equipo de la asociación AR-CALT que se aventuró y sigue aventurándose cada año desde 1988 en la organización de un acontecimiento tan desmesurado como el festival *Cinelatino*: Francis y Esther Saint-Dizier, Emmanuel Deniaud, Christian Lichiardopol, Margot Girousse, Muriel Justis, Jet Bendel, Pablo Vázquez Ivan Ríos, Leonor Harispe, Mathieu Guénez, Héctor Aracena, Cédric Lépine, Marie-Françoise Govin, Loreleï Giraudot, Mathilde Vildamné, Marie Chèvre, Ellen Gallien, Corentin Charpentier, Juliette Macé-Roussel, Laura Woittiez, Daniela Monteiro, Francisca Lucero, Guy Boissieres, Odile Bouchet, Amanda Rueda, Marion Gautreau, Sylvie Debs, Jacques Danton, Lorena Magee y a la programadora Eva Morsch Kihn, por su generosidad y disponibilidad. Este libro no hubiera podido escribirse sin el festival de cine de Toulouse.

A mis queridxs colegas del CEIIBA, por el ambiente siempre fecundo cultivado dentro de nuestro equipo de investigación en particular a Laurence Mullaly por su pasión comunicativa y nuestro común interés por la obra de Martel. Sin las hojas de la ceiba, nos hundiríamos en el "caldero que hierve morosamente bajo el tórrido sol del Gran Chaco"

A mis estudiantes del departamento de estudios hispánicos e hispanoamericanos con quienes trabajamos la película en el aula y cuyas reflexiones y comentarios mejoraron este estudio.

A María Luisa Femenías cuyas enseñanzas filosóficas fueron el punto de partida para escribir este libro.